KB213678

명리학의 새로운 역사가 시작된다

사주명리학

용신비결

사주명리학
용신비결

지은이 · 이건희

펴낸이 · 이건희

펴낸곳 · 도선재 道宣齋

2021년 12월 25일 초판 2쇄 발행

인쇄/제본 · (주) 케이비팩토리

커버디자인 · 문효정

등록 · 2021년 9월 10일 (제 2021-000018호)

주소 · 대구광역시 북구 중앙대로 118길 14 대웅플러스타운

　　　(경북 영천시 신녕면 치산리 1400 국립공원팔공산 치산계곡)

전화 · 053-254-4984

메일 · bssaju@korea.com

ISBN 979-11-976038-2-2-03180

© 2021, Lee Geonhui. Printed in Deagu, Korea.

명리학자 백산선생의

四柱命理學

用神秘訣

李健熙(哲學博士) 著

道宣齋

추천의 글

'인간에게 정해진 운명이 있는가?'라는 물음은, '신은 존재하는가?', '우주에 끝이 있는가?', '우리가 알고 있다고 믿는 것은 완전한 것인가?'와 함께 인류에 의해 제기된 매우 철학적인 질문이라 할 수 있다. 그렇지만 이러한 물음에 대해 어떤 답변도 완벽하다고 단언하기 어려울 것이다. 우리 인간은 근본적으로 미래에 대해 궁금증을 갖고 있으며, 보다 가치 있는 인생을 추구하고 사업의 실패를 거듭하지 않으려는 보편심리를 갖고 있다. 이러한 이유로 자신을 성찰하고 미래를 예측하는 사주명리학에 깊은 관심을 갖게 되었고, 그러한 관심은 이른바 사주명리학이라는 하나의 분야를 형성하기에 이르렀다.

그러나 사주명리학은 장구한 시간이 흘렀음에도 불구하고 이론적으로 완숙한 단계에 이르지 못하였을 뿐 아니라 영달과 출세를 추구하는 사람들에 의해 이용됨으로써 진가를 제대로 알기가 어려웠다. 그 결과 정식 학문에 편입되지 못하고, 하나의 술術로만 간주되어 일반 대학원 등 제도권의 학문 기관에서 연구되거나 공식 교과목으로 채택되지 못하였던 것이다. 특히 사주명리학의 핵심 키워드인 용신은 다양한 학파의 상이한 개념정의와 용신도출에 대한 서로 다른 이론체계로 말미암아 같은 사주를 두고 서로 다른 해석, 때로는 정반대의 주장이 난무하여 세인의 불신을 자초하였다. 이렇듯 용신에 대한 개념의 정립과 표준화가 시급한 상황에서 『사주명리학 용신비결』의 출간은 자평의 신법명리학 이래 최고의 학문적 성과로 평가할 만하다.

저자인 이건희 박사는 오랜 기간 풍부한 임상상담 경험과 고전이론을 탐독하고 그 문제점을 비판하고 대안을 제시한 실전과 이론을 겸한 명리학자로서, 생조억설의 억부와 한난조습의 조후의 기본 원리에 입각해 월지와 일간과의 모든 경우의 수를 분석하여 오직 네 가지 유형의 용신과 희신의 조합인 중화용신中和用神 개념을 논증하고 정립하였다. 중화용신표만 보면 용신과 희신, 기신과 구신은 물론 한신에 이르기까지 한눈에 파악이 가능하여 이제 더이상 용신 문제로 논쟁할 필요가 없게 된 것이다.

인문학에서 새로운 이론체계가 창안되고 논증된다는 것은 결코 쉬운 일이 아니다. 그러나 『사주명리학 용신비결』은 저자의 「명리학의 중화용신 개념에 근거한 인간심성 연구」라는 박사학위 논문에 근거하여 저술된 좀처럼 보기 드문 사주명리학 이론서이다. 그러므로 이 책의 독창적인 중화용신론은 우리나라 사주명리학 발전의 쾌거라 할만하다. 저자는 동양철학 전공이지만 평소 서양철학 이론에도 조예가 있어 사주명리학 연구와 이 책의 저술 과정에서 보다 논리적이고 과학적인 접근이 이루어진 것으로 보인다.

이와같이 저자의 중화용신론은 세밀한 논리적 구조와 합리적 분석방식을 담고 있음을 주지하고자 한다. 사주명리학 이론체계의 새로운 역사가 시작될 것을 믿어 의심치 않는다.

2021년 11월 1일
대구한의대학교 일반대학원
동양철학과장 김용섭(Ph.D.)

책머리에

　자평학 이래 오늘에 이르기까지 사주명리학의 학문화가 더딘 이유는 적지 않다. 첫째는 용신 개념의 혼란이며, 둘째는 용신을 도출하는 이론이 표준화되지 않은 데 있다. 셋째는 오행의 생극 제화 작용을 제대로 관찰할 수 있는 해석도구의 부재이다. 이는 오행의 작용력을 구분 짓는 희용기구한신을 도출하는 문제와 직결된다.

　무엇보다도 중국의 사주명리학 고전을 지나치게 맹신한 나머지, 학문적 사대주의에 함몰되어 보다 과학적인 사주명리학 이론의 연구를 게을리했다는 점을 들 수 있다. 필자가 사주명리학에 처음 입문할 때, 도무지 맹목적이기 만한 목생화, 화생토, 토생금, 금생수, 수생목인 생의 논리와, 목극토, 토극수, 수극화, 화극금, 금극목인 극의 논리를 이해하기가 어려웠다.

　뿐만 아니라 상생과 상극의 개념 또한 수긍하기 어려웠다.

　필자의 생과 극에 관한 의구심과 비판적 시각은, 사주명리학의 보서라 일컫는『연해자평』淵海子平,『자평진전』子平眞詮을 비롯한 고전 격국론 등을 연구하면서 참담한 마음을 금하지 못했다. 명리학자로서 후학들에 대한 일종의 학문적 책임감을 갖게 되었던 것이다. 문제는 이들 사주명리학 고전들이 도식화된 생극의 논리에 갇혀있었기 때문에 자기 모순적 이론서가 될 수밖에 없었던 것이다. 이는 필시 명리서가 당시 봉건사회의 지배계층이자 지식인이었던 사대부들에 의해 쓰여질 수밖에 없었던 데 이유가 있다고 보아야 할 것이다.

주지하는 바, 중국은 사회 저변에 음양오행론이 깊이 침투해, 개인사는 물론 정치와 학문 등에 이루 말할 수 없을 만큼 심대한 영향을 끼쳐왔다. 이러한 점은, 음양오행론에 기초해 성립된 성리학의 태동과 함께 극대화되었다고 볼 수 있다. 신유학인 성리학은 유교를 좀 더 종교적이고 철학적인 사상으로 발전시키기 위해서 음양오행론이라는 소프트웨어를 필요로 했을 것이다.

　그러나 불행하게도 이들이 수용한 것은 도식화된 음양오행론이었다. 따라서 이들에 의해 저술된 거의 대부분 사주명리서는 태생적 모순과 함께 발전되어 올 수밖에 없었을 것이다.

　본서는 이러한 문제점을 논증하고 대안을 제시한 사주명리학 이론서이다.

　앞서 지적한 세 가지 사주명리학의 당면한 문제점들은 이 책 한 권에 그 해결점을 명료하게 제시하였다. 핵심은 용신의 개념을 정립하고 억부용신과 조후용신이 합치하는 일관된 용신도출 원리를 제시하여, 사주통변의 해석도구인 중화용신을 논증하고 제안하였다는 점이다. 그리고 입문시절 필자를 당황하게 하였던 생극의 문제를 체용론을 통해서 적확的確하게 이론화하였다.

　진정한 명리전문가 되기 위한 독자에게 일독을 권한다.

2021 신축년 만추
국립공원 팔공산 치산계곡 도선재에서
이건희 拜上

본서에 서술되는 모든 내용의 이론적 근거는 필자의 박사학위논문
「명리학의 중화용신 개념에 근거한 인간심성 연구」와,
「음양오행론의 명리학적 적용에 관한 연구」에 있음을 밝힌다.

인간운명의 메커니즘

　사주를 추명推命(운명을 받들다)한다는 것은 경외심을 동반한 흥미로운 일이자 한편으로는 두려운 일이다. 다행히 자신의 사주가 긍정적으로 해석되어진다면 안도의 한숨을 내쉼과 동시에 삶에 대한 자신감도 얻을 수 있을 것이다. 그러나 이와는 반대로 본인의 기대에 반하는 결과가 나오면 본능적으로 이를 부정하거나 외면하고 싶어진다.

　그렇다고 사주를 인위적으로 바꿀 수는 없다. 운명이기 때문이다. 운명은 인간이 쉽게 극복할 수 없는 그 무엇이다. 그렇다면, 인간과 사물을 지배하는 피할 수 없는 초인적 힘은 어디로부터 오는 것인가? 만약, 우리가 경험하는 길흉화복의 원인이 인간의지 외에 존재한다면 그것의 실체는 무엇인가?

　불행하게도 이를 과학적으로 입증할 방법은 충분하지 않다. 동양사상의 천인감응天人感應을 통해 설명해 볼 수도 있겠지만, 과학적 논거가 되지 않을뿐더러 모든 것을 과학적으로 증명하려고 하는 것은 어리석은 일이기도 하다.

　과학은 현재의 진실일 뿐이기 때문이다.

　사주는 천기天氣만을 다룬다. 이때, 천기에 대응하는 말은 몸 즉, 물질質이다. 그래서 천기를 몸의 주인인 마음에 비유할 수도 있다. 제대로 인간의 삶을 관찰하기 위해서는 이들 양자 모두 필요하나. 따라서 천기 즉, 사주는 같아도 몸은 각기 다르므로 동일 사주의 서로 다른 사람이라도 같은 삶이 주어지지 않는다. 엄밀히 말하면 이들 두 사람에게 주어지는 명리학적 삶의 환경은 같다. 오행의 생극제화에서 비롯되는 마음의 작용도 같다. 그럼에도 불구하고 같은 삶은 아닌 것이다. 대부분의 명리가들이 이를 간과하고 있는지 모르겠다.

엄연히 개개인의 물리적 조상들이 존재하고, 이들 조상들의 삶의 족적足跡이 유전적으로 대물림 될 수 밖에 없다는 것은 과학적 진리이기도 하다. 이들 각각의 몸이 있어 마음이 발현된다면, 운명이 어떠한 메커니즘에 의해 작동되는 것인가에 대한 작은 단초端初를 얻을 수 있을 것이다. 이와 같은 사실은 다시금 동양의 천인감응사상을 생각하게 한다.

천인감응사상은, 죽은 자와 산 자 그리고 태어날 자가 시공을 초월해서 관계를 맺고 있다는 믿음을 가지게 하는 차축시대1)이후 동중서董仲舒등 철인哲人들의 혜안에 의해 생겨난 사상이다. 그렇다면 수많은 사물 가운데 왜 인간에게만 희로애락이라는 길흉작용의 메커니즘이 운명으로 발현되는가? 이를테면 사람과 같은 영장류인 원숭이나 여타 동물에게는 운명이 작동하지 않는가?

필자는 인간이 생물학적 단세포 생물에서 진화를 시작해서

---

1) 차축시대(車軸時代/die Achzenzeit, the Axial age): 종교와 철학의 시원이 되었던 시기로 인류문화의 중심축이 되었다. 이 시기에는 공자(B.C. 551~479), 노자 (B.C. 604~531), 조로아스터 (B.C. 630?~553?), 소크라테스 (B.C. 580~500), 헤라클레이토스(B.C. 535~475), 석가(B.C.624~544)와 같은 철인들이 활동했다. 기원전 8~2세기인 500년을 일컫는다. 독일 철학자 칼 야스퍼스 (Karl Jaspers | Karl Theodor Jaspers, 1883- 1969년)가 명명하였다.

고등동물인 현생인류에 이르기까지의 과정은 물론, '그 이전의 과정'을 통해 운명을 연구하는 명리학자로서 이 문제에 대한 해답을 구하기 위해 오랜 기간 숙고해 왔다. 여기서 '그 이전의 과정'이라는 말은 지구에 생명의 씨앗이 만들어지게 된 연원을 의미한다.

천문학자 이시우 박사[2)에 의하면, 인간이 태어난다는 것은 곧 태양계의 생성과 관련이 있다. 태양은 원시 태양계 성운의 중력이 수축되면서 그 중심부에서 생겨났다. 이 때 주변의 성간물질에서 미행성微行星이 형성되었는데 이들 미행성들의 충돌과 결합이 반복된 결과, 지구를 비롯한 행성도 생겨나게 되었던 것이다. 이 말을 간명하게 표현하면 태양계의 구성 성분이 별에서 왔으므로 지구 역시 별로부터 온 것이 된다.

그러나 인간을 비롯한 생명체의 탄생에 이르기 까지는 많은 생물학적 진화의 시간을 필요로 하였다. 지구에는 혜성과 잦은 충돌에 의해 생성된 것으로 추정되는 물과 공기로 인해 약 40억년 전부터 유기화합물에서 생명체가 만들어지고, 그런 후 약 20억년에는 산소가 생성되어 마침내 지구의 대기 중 21%를 차지하게 된다. 식물의 광합성에 의한 결과였던 것이다. 그런 다음 또 다시 약 6500만년 전에는 영장류가, 약 300만년 전에는 유인원이, 그리고 최종적으로 약 30만년 전에는 마침내 호모 사피엔스가 출현하여 현재의 인류로 진화되어

_____

2) 이시우(李時雨): 전 경북대학교, 서울대학교 천문학과 교수, 한국과학기술한림원 정회원.

왔다는 것이 과학적 중론이다. 그렇다면 '인간의 씨앗'으로 표현되는 생물학적 인간의 근원은 무엇인가? 전술한 바와 같이, 원시 태양계로부터 만들어 진 혜성은 지구와 충돌하는 과정에서 탄소를 주성분으로 하는 유기물질을 지구로 실어 왔는데 바로 이 가운데에 생명을 잉태할 수 있는 유기화합물이 발견됨으로써 그와 같은 사실을 뒷받침 할 수 있었다. 만약 인간의 구성 성분과 태양을 구성하는 성분이 같거나 아주 비슷하다면 이것은 매우 의미 있는 과학적 증거가 될 수 있을 것이다.

박사의 연구에 의하면, 휘발성이 강해 타 원소와 결합이 어려운 태양의 구성성분인 헬륨을 제외하면, 태양과 인간과 박테리아의 구성 성분은 수소·산소·탄소·질소로 그 함량의 순서가 같다. 만약 인간이 지구로부터 자체적으로 생성되었다면 지구의 구성 성분인 산소·철·규소 등으로 이루어져야만 했을 것이다.

따라서 인간의 시원始原이 지구가 아닌 지구 밖 외계에서 온 것임을 확인해 주는 명징한 근거이며, 또한 인간도 태양과 같은 성분을 가진 하나의 독립된 '별'星임을 반증한다.3) 뿐만 아니라 "지상의 생물들이 밖에서 에너지를 구해 섭취하며 살아가는 생명체라면, 자체적으로 에너지를 생산하면서 여러 가지 변화에 잘 적응하며 살아가는 별들도 틀림없는 생명체로

---

3) 곽영직,『양자역학으로 이해하는 원자의 세계』, 지브레인, 2016, 12~ 21 쪽.

볼 수 있다." 이와 같은 사실을 통해, "별과 내가 동질同質[4]임을 안다면 우주를 이루고 있는 별들의 세계처럼 우리 마음속에도 우주가 하나씩 들어 있으며 또 자연의 질서가 들어 있음"을 알 수 있다.[5]

이 같은 과학적 사실에 전제한다면, 우리 인간은 반드시 지구가 속한 태양계라는 천체의 변화와 관계를 맺고 있다고 유추하는데 무리가 없을 것이다. 동양의 사상으로 표현하면 천인감응인 것이다. 그래도 의문은 남는다. 왜 인간의 삶은 길흉화복이라는 운명에 예속될 수밖에 없는가?

필자는 그 이유를 인간이 창조해낸 이성理性에 있다고 본다. 이때 이성이란 감성에 대비되는 개념이며, 동물에게는 없거나 미약한 도덕성 또는 사물을 보는 치우치지 않는 마음이라고 정의한다.

내가 존재하기 위해서는 부모를 시작으로 해서 수많은 조상들이 존재하였을 것이며, 이들 조상들의 삶의 흔적은 고스란히 몸으로 체화體化되어 진화되어 왔을 것이다. 뿐만 아니라, 이들 조상들의 삶의 결과는 우주심[6]宇宙心이라는 하늘天의

4) 뉴턴코리아 (가와고에 시오 川越至櫻 共著), 강금희 譯, 『우주의 형상과 역사』, 뉴턴코리아, 2008, 135~ 136쪽: "우리의 신체를 만드는 원소의 고향은 태양계가 생기기 이전에 여러 세대에 걸쳐 활동을 되풀이해 왔던 별의 내부라고 할 수 있다."

5) 이시우, 『별과 인간의 일생』, 신구문화사, 1999, 102, 106쪽./ 『별처럼 사는 법』, 우리출판사, 2007, 173쪽: "태양계를 구성하는 원시 태양계 물질은 그 전 세대의 별들이 죽으면서 방출된 물질이다. 이 물질에서 태양, 행성, 위성, 혜성 등의 태양계 천체와 그리고 인간이 탄생한 것이다. 결국 인간도 태양과 같은 별인 셈이다."

저장고에 보관되었다가 이성과 감성의 마음이 혼재되어, 태어나는 후손에게 영향을 끼치게 된다는 추론이다.

말하자면 이성은 합리적인 판단을 도와 중화된 삶을 가능케 하고 감성은 이성적 사고를 억제하거나 치우친 마음을 일으키는 원인을 제공한 결과 스스로 흉운을 만들게 되는 원리인 것이다. 이는 과거의 삶이 현재는 물론, 미래의 삶에 이르기까지 거미줄과 같이 엮여 있다는 의미이기도하다.

그러므로 같은 영장류인 원숭이 등에게 운명이 부여될 수 없는 것은 이성이 없기 때문이다. 우리들의 삶의 흔적은 우주 공간 어딘가에 저장되어 왔고, 이들의 그 어떤 힘이 몸과 맞닿아 작동될 때, 우리는 이를 두고 운명이라 부르고, 이에 따라 저 마다의 삶이 마음의 부림을 통해 피동被動 되어지고 있는지 모를 일이다.

그러나 자연과 운명은 인간에게 있어서 극복의 대상이다.

삶의 기록이 하늘에 저장되어 운명으로 발현된다 하더라도 그 완성은 인간이 한다. 다만, 감성을 다스리는 이성의 마음에 의해 가능하다. 하늘은 치우친 감정을 통해서 인간의 몸을 병들게 하고 흉운에 빠져들게 하기 때문이다.

---

6) 우주심(宇宙心): "자아가 아닌 순수한 생명 에너지 상태의 마음"이라는 의미가 있으나, 명리학적 관점에서 "인간과 모든 사물의 정보를 저장하는 우주의 큰 에너지(마음)"로 의역하였다.

목차

제 1 장
용신이란?

제 2 장

중화용신의 도출 원리

제 3 장

중화용신(용신과 희신의 조합)

제 4 장
계절별 30유형의 중화용신

제 5 장
중화된 사주

제 6 장
사주명리학의 제 문제점

제 7 장
대안 제시

제 8 장
용신 연습

보기

己戊**甲丁**
未申辰**卯**

| 丁乙己 | 戊壬庚 | 乙癸戊 | 甲乙 |

天干의 中和用神: 丙丁乙
地支의 中和用神: 寅卯巳午未戌

본서에서 위 도표는
사주의 명조를 효과적으로 분석하기 위해서 구성되었다.

1. 사주명조의 천간에서 밑줄로 굵게 표시된 글자는 용신 또는 희신을 의미한다.
2. 사주명조의 지지에서 밑줄로 굵게 표시된 글자는 '용신의 근'을 의미한다.
3. 사주명조 아래 박스 안의 글자는 각각의 지장간을 표시 하였다.
4. 오른쪽 상단의 굵게 표시된 둥근 원은 용신을, 왼쪽 원은 희신을 의미한다.
5. 세모로 표시된 것은 각각 기신과 구신을 의미한다.
6. 가운데 점선 안의 글자는 한신을 의미한다.
7. 하단, '천간의 중화용신'은 천간의 용신과 희신 오행을, '지지의 중화용신'은 천간 희용신의 근이 되는 '용신의 근'을 의미한다.

제 1 장

용신이란?

1절

고전 사주명리학의 용신개념

1) 고전 사주명리학의 연원

사주명리학은 음양오행론을 모체母體로 발전하게 된 학문체계이다. 음양오행론은 자연과 사물을 관찰하는 가운데 음과 양의 개념이 따로 생겨나서 합치되었다. 이후, 오행의 개념이 더해져 십간으로 분화된 개념과 12지지가 융합되는 과정을 거쳤다. 이를 통해 모든 인간사를 음양과 오행의 변화와 관련지어 설명하고자 했던 것이다. 이러한 노력은 기원전 150년을 전후한 전한시기 동중서董仲舒7)에 의해서 보다 체계적으로 이론화되었고, 정치사상화되어 인간의 삶에 지대한 영향을 미치게 되었다.

그러나 사주명리학과 관련하여 체계적 학문으로 자리 잡게 된 것은 송대 이후라고 볼 수 있다. 이른바 신법명리학이라고 불리우는 자평학이 대두되었기 때문이다. 우리가 현재 배우는 대부분의 이론체계는 여기에 기초한다.

---

7) 동중서(董仲舒: 기원전 176?~ 기원전 120?년) 전한시기 유학자이다. 음양오행설을 유교에 응용하여, "인간과 만사만물은 음양오행의 규칙에 따른다"는 천인감응설을 주장하였다. 그의 저작으로 추정되는 『춘추번로』春秋繁露는 정치와 윤리에 관한 논문집이다.

명대에 와서, 유학자 당금지唐錦池에 의해 편찬된 남송시대 서승徐升의 『연해자평』淵海子平은 사람이 태어난 연·월·일·시의 천간과 지지 여덟 글자에 나타난 음양과 오행의 배합을 살펴 비로소 운명의 길흉을 판단할 수 있는 이론을 갖추게 되었던 것이다. 이는, 오대에서 송대 초기, 서자평徐子平이 기존의 사주학에 상생과 상극의 개념을 결합해서 보다 체계적으로 이론화한 결과였다.

서승은 이를 계승해서 일간 중심으로 사주를 해석하고, 일간을 중심으로 타 오행과의 관계를 분석하는 육신법六神法을 이론화하였다. 육신법은 부모, 형제, 처자妻子와의 관계를 규명 짓는 이론이다. 육친법 또는 십성법, 십신법이라고도 명명되는 이 이론은 사주명리학의 일대 혁신을 불러왔다는 점에서 매우 주목된다. 이를 일러 자평법 또는 자평학이라고 한다. 나를 중심으로 한 가족과의 관계는 물론, 복잡하고 유동적인 인간의 심리를 정밀하게 분석할 수 있다는 점에서, 현대 사주명리학이 재도약의 계기가 되었음을 부인할 수 없다. 이것은 사주명리학이 심리학으로 주목받고 있는 이유이기도 하다. 송·명대 이후는 신유학인 성리학과 해외 문물의 유입으로 인쇄술 등이 발달되어, 많은 명리학 관련 서적이 당시 유학자들에 의해 본격적으로 저술되었다.

명대 유백온劉伯溫의 『적천수』滴天髓, 장신봉張神峰의 『명리정종』命理正宗, 청대 진소암陳素菴의 『명리약언』命理約言,

심효첨沈孝瞻의 『자평진전』子平眞詮, 임철초任鐵樵의 『적천수천미』滴天髓闡微 등과, 이 시기에 편찬된 것으로 추정되는 여춘태余春台의 『궁통보감』窮通寶鑑 등 다수가 있다. 중화민국 시대에 들어와서는 당시의 대표적 명리학자인 서락오徐樂吾의 말년 역작으로 평가되는 『자평수언』子平粹言 등이 있으며, 심리에 주목한 하건충何建忠의 『팔자심리추명학』八字心理推命學도 있다. 사주명리학의 시원을 전국시대인 기원전 4세기 이후, 낙록자珞祿子나 귀곡자鬼谷子[8])로 본다면, 지금으로부터 2500여년을 전후한 시기이다. 한편, 신법명리학이 태동되던 시기인 송대 『연해자평』을 기준으로 본다면, 약 850년이 지났다. 그렇게 본다면, 사주명리학이 유학자들을 중심으로 연구되고 출판이 활성화된 시기는 명ㆍ청대로 볼 수 있으며, 이 시기는 당시 지배세력이자 지식인층인 성리학자들의 세계관이 명리학서 편찬에 영향을 주었을 것이다. 본서의 중화용신 이론을 뒷받침하는 합리적 논거가 된 체용의 문제는, 그들의 음양오행론에 의한 성리학적 세계관이 체에 의한 도식화된 논리였다는 것으로, 체에 의해 도식화된 생극론은 그 자체가 이론적 모순에서 발달 되었음을 시사한다.

---

8) 낙록자(珞祿子): 『낙록자삼명소식부』珞祿子三命逍息賦는 사고전서에 수록된 가장 오래된 명리학 관련 고서이다. 자평학을 태동하게 만든 고법사주학의 시원으로 볼 수 있다. / 귀곡자(鬼谷子): 전국시대 제가백가인 종횡가縱橫家 중 한 사람이다. 국가가 합종연횡合縱策連衡으로 통합되어야 한다고 주장하는 세력이 종횡가이다. 『귀곡자유문』鬼谷子遺文이 있다.

2) 격국용신과 용사지신

격국局은 사주의 모양새를 뜻한다. 격은 월지와 관련된 일정한 품위나 분수를, 국은 전체적인 형편이나 판세를 읽는 수단이 된다. 고전사주학의 대표적 이론 체계인 격국론의 용신은, 일반적으로 월지에서 힘을 받은 오행이 천간에 투출되었을 때를 말한다. 사주에서 가장 강하면서 의미를 부여할 수 있는 오행이라는 의미가 내포되어 있다. 용사지신用事之神의 사事는 '직업, 관직, 국가대사' 등의 의미가 내포되어 있다고 할 수 있다. 그렇기 때문에, 격국용신에 해당하는 글자는 사주 내에서 가장 힘이 있는 오행이라 해도 크게 틀림이 없다. 이러한 이론의 근거는 당령과 사령이라는 용어에서 이해할 수 있다. 당령은 한 달 30일을 여기, 중기, 본기로 나누었을 때, 태어난 날짜에 해당하는 지장간의 오행이 천간에 드러나는 것을 의미한다. 사령은 해당 계절의 기를 뜻한다. 봄은 목기, 여름은 화기, 가을은 금기, 겨울은 수기가 이에 해당한다.

당령과 사령이 곧 가장 강한 의미를 부여 할 수 있는 오행이므로, 이를 두고 선척적이라는 의미를 부여하고 용신 즉, 용사지신으로 삼고, 이들 격 또는 당령, 사령을 일정한 비율로 섞어서 사주 전체의 중화를 도모하고자 만들어진 개념이 유용지신이다. 그러나 반드시 당령 또는 사령이 된 오행이 천간에 투출되었다는 이유만으로 강하다고 하는 절대적 조건은 성립되지 않는다. 유용지신을 좀 더 쉽게 설명하면, 용사지신이 사주에서 가장 강한 오행 작용을 하므로 이를 적당히 견제하기 위한 역할을 유용지신을 통해 기대한다는 것이다. 따라서, 유용지신은 용사지신인 격국용신을 받들어 보호하고, 일간을 돕는 역할을 한다고 볼 수 있다. 그런 이유로, 고전 사주명리학의 용신 개념에는 용사지신 뿐만 아니라 유용지신의 개념도 포함되어 있다고 보는 것이 타당하다. 이들 두 개념을 통해 사주 전체의 중화를 지향하고자 한 것이다.

현대명리학의 관점에서 본다면, 용신의 개념과 도출된 용신이 서로 상이하기 때문에 직접적인 비판은 한계가 있으나, 『연해자평』의 "사주의 용신은 오로지 월령에서 구한다"[9]또는 희기喜忌를 구분하지 않고, 단지 甲木일간이 용신에 해당하는 정관 辛金이 있기 때문에 이를 손상하는 상관 丁火를 꺼린다는 식의 주장은[10] 속칭 '생사람을 잡는' 통변으로 이어질 수밖에 없는 위험한 이론이다.

丑辰申酉戌월의 甲木일간 사주에서 정관 辛金은 오히려 丁火의 도움을 필요로 하기 때문이다. 이를 두고 극이라고 하는 것이 도식화된 잘못된 극의 논리인 것이다. 또, 월령에서 구하는 격국용신이 반드시 강하지 않으므로 주의를 요한다. 격국용신에 관한 문제점은 다음 항에서 논하도록 하겠다.

---

9) 徐升 編, 唐錦池 著, 『淵海子平』, 中華民國 進源文化事業有限公私, 2011, 80쪽: "用者 月令中所藏者"
10) 『淵海子平』繼善篇: "官者正人君子故畏傷 如甲用辛爲官 忌丁火傷之"

3) 격국용신론의 문제

격국용신의 문제는, 본서의 중화용신과 비교하면 간명하게 논증이 가능하다. 당령의 예를 들어 설명하면 다음과 같다.

중화용신

寅월의 戊土가 절입일로부터 14일이 지나 태어나면 甲木 당령이다. 그렇다면 甲木이 '가장 강한' 오행작용을 하는 용신이다. 寅월의 편관 甲木이 강하다면, 식신 庚金으로부터 극을 받으면 金剋木이 되지 않아야 하지만, 실제로는 극이 성립된다. 극의 의미는 강한 오행이 상대적으로 약한 오행을 극하는 개념이기 때문이다.

따라서 寅월의 甲木이 당령이 되었다고 강하게 보는 것은 문제가 있다. 甲木이 강하면 오히려 庚金을 극해야 하지만, 오히려 구신인 金이 희신인 木을 극할 수 있는 힘이 있기 때문이다. 이러한 논리는 현대명리학의 중화용신에 의한 생극 논리와 정확하게 상충한다. 위 명조에서, 한신 戊土나 용신 丙火가 당령이 되어도 기구신인 水金에 비해 강하지 않다.

한편, 2)항 『연해자평』에서 언급한 내용을 재구성해서 설명하면 다음과 같다.

위와 같은 명조를 두고 정관 辛金은 군자이므로, 상관 丁火가 손상하는 것을 꺼린다고 하였다.[11] 단지 정관은 길신이라는 이유만으로 보호되어야하고, 상관은 무조건 흉신이기 때문에 정관을 다치게 한다는 이른바 상관견관傷官見官의 주장은 도식화된 음양오행론의 허구에 노예가 된 '지식인' 성리학자들의 무지無知라고 밖에 설명할 방법이 없다.

용신의 개념과, 도출된 용신이 서로 상이하기 때문에 직접적인 비판은 한계가 있으나, 월령에서 구하는 격국용신이 반드시 강하지 않으므로 주의를 요한다.

따라서 "사주의 용신은 오로지 월령에서 구한다"는 『연해자평』이나 『자평진전』 등의 주장은 재고할 필요가 있다. 고전을 비판 없이 절대시하는 것은 학문적 사대주의일 뿐이다.

---

11) 현대명리학에서 丑辰申酉戌월의 甲乙木일간 사주는 火木이 사주 중화를 돕는 용신이다. 희용신은 타 오행을 극하지 않는다.

사령의 예를 들어 설명하면 다음과 같다.

위 명조의 경우, 당령으로 보아도 卯월의 乙木이 절입 10일 이후에 태어났다면, 정인 乙木이 용신에 해당한다. 사령으로 보아도 목왕지절인 卯월의 목기가 강하다. 그렇다면 乙木이 '가장 강한' 오행작용을 하는 오행이다. 그런데, 卯월의 상관 己土가 정인 乙木으로부터 극을 받으면 상관 己土는 극을 받아 무력해야 한다.

그러나 실제 오행 작용에서 木剋土는 발생하지 않는다. 왜냐하면, 현대명리학에서 사주의 중화를 돕는 오행이 水金이라면, 오히려 木剋土를 받고 있는 火土는 기구신으로, 水金 오행에 비해 오행의 작용력이 상대적으로 강하기 때문이다. 그렇기 때문에, 한신에 해당하는 木은 기신인 상관 己土를 극할 수 있는 물리적 힘이 없다. 이러한 논리는 현대명리학의 중화용신에 의한 생극 논리와 정확하게 상충한다. 문제는 위 명조처럼 사령이 되었다는 이유만으로, 木剋土라는 도식화된 극의 논리를 일률적으로 적용하고 있다는 점이다.

2절

현대명리학의 중화용신개념

1) 중화란 무엇인가?

일찍이 서자평은 중화中和[12]를 말하고 있다. 그는『옥조신응진경』의 "오행이 지나치게 강한 것은 겁패劫敗의 근원인 것이다."를 주해하면서 "사주에 있어서 오행은 중화와 평형平衡을 구하여야만 하고, 지나치게 과하거나 미치지 못함은 좋지 않다."[13]라고 하였다. 이 말은, 사주는 음기인 수기와 양기인 화기를 모두 갖추면 좋다는 말과 상통한다. 그러나 이 두 기운은 만나면 서로 충돌하기 때문에, 水가 강하면 火는 木을, 火가 강하면 水는 金을 통해 중화를 꾀하게 되는 이치이다. 사주명리학에서 중화를 위해서 필요한 오행이 곧 중화용신이다. 중화용신은 억부와 조후라는 잣대로 판단한다. 이와 관련한 내용은 2장 "중화용신의 도출원리"에서 다루기로 하겠다.

---

12) 중화 또는 균평에 대한 표현은 『玉照神應真經』보다 앞선 『玉照定真經』의 장옹(張顒)이 주해한 "三命均平者. 久長也. 不犯太過不及者也. 又太過者要降氣. 不及者要旺氣也."(삼명이 균평하면 장구하니 만약 태과하거나 불급하면 남의 것을 침범하지 말아야 하며 또한, 그 기운을 다스리거나 도와주어야 한다.)에서 같은 내용이 확인된다.

13) 郭璞 撰, 徐子平 註,『玉照神應真經註』: "五行太過. 復爲怯敗之根宗. … 命中五行求其中和. 平衡. 太過与不及. 均属不美."

2) 중화용신과 유용지신

격국용신론에서, 용사지신은 사주를 지배하는 가장 강한 오행의 개념이다. 그러한 이유로 가장 강한 오행을 설기시키거나, 경우에 따라서 생하거나 극해서 격국용신을 보호하고 일간을 돕는다는 개념으로 만들어진 용어가 유용지신有用之神이다. 용사지신과 함께 서로 다른 용신 개념인 유용지신을 통해서 양자를 충족시키는 오행을 찾아낸다는 것은 사실 쉬운 일이 아니다. 그렇기 때문에 장구한 시간이 흐르는 동안 이에 대한 합일점을 도출해 내기가 어려웠던 것이다. 그런데, 현대명리학에서 용신의 개념은 대체적으로 사주의 중화와 일간을 이롭게 하기 위해 필요로 하는 용신과 희신의 조합을 의미한다. 본서의 중화용신도 이와 같다. 유용지신과 유사한 개념이지만 같지 않다.

문제는 사주의 중화를 위해 필요한 용신을 도출하는 원리에 있다. 격국용신론의 주인공이 용신에 있다면, 중화용신론은 철저히 일간인 '나'를 이롭게 하는 데 있다. 나아가 중화용신은 사주의 중화를 판단하고 분석하기 위한 도구이다. 그렇기 때문에 『연해자평』의 "용신은 손상되지 않아야 한다"[14]와 배치背馳되는 개념이라 할 수 있다. 희용신은 기구신에 비해 그 힘이 상대적으로 약하므로 극충을 받을 수밖에 없다.

이러한 논리는 올바른 생극제화를 판단하는데 불가결하다.

---

14) 『淵海子平』繼善篇: "用神不可損傷"

3) 사주를 분석하기 위한 도구 중화용신

일반적으로, 용신에 대한 오해가 있는데, '용신의 운이 오면 좋다'라는 시각이다. 앞서 사주의 중화를 돕는 두 오행 즉, 용신과 희신의 조합을 중화용신이라고 하였다. 실제, 어떤 사주가 이러한 요건을 잘 갖추고 있으면 관인이 상생하거나, 재관이 상생하거나 또는 식신(상관)과 재성이 상생하는 중화된 사주가 될 수 있다. 그러나 적지 않은 경우, 용신이 미약하거나, 없거나, 희신만 존재하거나, 심지어 용신이나 희신이 기구신에 의해 극충을 받는 경우를 볼 수 있다. 엄정하게 말하면, '용신이 극을 받아도 용신은 용신이다'라고 말할 수 있다.

사주분석의 시작은 중화를 위해서 필요로 하는 희용신의 조합인 중화용신과 이에 반하는 기구신의 세력을 이분二分하면서 시작된다. 만약, 이를 구분하는 단계에서 오류가 발생하면, 오행 생극제화의 작용을 제대로 판단하는 것은 불가하다.

일간을 위시해서 사주 내의 어떤 오행이 처한 상황을 읽어내는 수단이 생극제화이기 때문이다. 잘못 도출된 희용기구한신은, 이로 인해서 빚어지는 잘못된 생극제화로 인해, 가족관계해석의 오류로 이어지고, 나아가 잘못된 십성해석으로 인해 이성적, 감성적 심리와 재능을 오판할 수 있다. 이러한 오류는 대운, 세운 즉, 행운行運의 길흉판단 오류로도 이어질 수 있다는 점에서 대단히 주의를 요한다.

3절

생극제화와 중화용신

1) 생과 상생의 개념

생生은 나다, 낳다 또는 돕다(생해주다)라는 의미로 확장할 수 있다. 생이 돕는다는 의미로 확장해석이 가능한 것은 상생의 개념 때문이다. 생의 개념이, A가 B를 생한다는 것이라면, 상생의 개념은 A와 B가 서로 돕는다는 의미가 있기 때문이다. 생의 예를 들면, 여름의 木이 水의 생을 받는 경우이다. 같은 생이라도 겨울의 木이 水의 생을 받는 것과는 구분되어야 하는 것이다. 왜냐하면, 같은 水生木이어도 여름의 木이 水의 생을 좋아하기 때문이다.

상생의 예를 들면, 겨울의 木이 火를 생하고, 火역시 겨울의 木을 이롭게 하는 경우이다. 서로가 서로의 생을 원하기 때문에 木도 火도 좋아하는, 서로를 돕는 상생이 된다.

이는, 여름의 木과 火가 상생하는 경우와 구분되어 져야 한다는 것을 의미한다. 중화용신을 논하는 경우, 용신과 희신이 서로 상생하는 경우와 그렇지 않은 경우를 같은 의미의 상생으로 보기는 어렵다는 것이다. 따라서, 도식화된 생이나 상생의 논리로는 특정 오행이 처한 환경을 파악하기가 어렵다.

●도식화된 생과 상생개념의 오류

다음과 같은 도식화된 상생의 원리는 음양오행론의 일반적인 체에 의한 개념으로는 합당하다. 그러나 **사주의 희용신과 기구신 또는 한신이 상호작용하는 용의 개념에 의한 오행의 작용원리에는 부합되지 않으므로 각별한 주의를 요한다.**

목생화 - 목화상생
1. 木이 火를 생할 때, 木을 극하는 金을 火훼金해주기 때문에 서로를 생해줄 수 있다는 **木火상생**의 원리.

화생토 - 화토상생
2. 火가 土를 생할 때, 火를 극하는 水를 土훼水해주기 때문에 서로를 생해줄 수 있다는 **火土상생**의 원리.

토생금 - 토금상생
3. 土가 金을 생할 때, 土를 극하는 木을 金훼木해주기 때문에 서로를 생해줄 수 있다는 **土金상생**의 원리.

금생수 - 금수상생
4. 金이 水를 생할 때, 金을 극하는 火를 水훼火해주기 때문에 서로를 생해줄 수 있다는 **金水상생**의 원리.

수생목 -수목상생
5. 水가 木을 생할 때, 水를 극하는 土를 木훼土해주기 때문에 서로를 생해줄 수 있다는 **水木상생**의 원리.

2) 극과 상극의 개념

극 剋은 이기다, 참고 견디다 또는 다스린다는 자의가 있다. 만약, A가 B를 극하려고 한다면 반드시 A가 B보다 힘의 우위에 있어야 성립된다. 木剋土, 土剋水, 水剋火, 火剋金, 金剋木이 성립되려면, 전자가 후자에 비해서 오행의 작용력이 강한 기신이나 구신에 해당되어야 하는 것이다. 기구신은 희용신에 비해서 상대적으로 강한 오행 작용을 하기 때문이다. 그러므로, 사주의 중화작용을 하는 용신과 희신은 타 오행을 극할 의지도 물리적 힘도 없으므로, 용신과 희신이 기신이나 구신을 극하는 도식화된 극은 성립되지 않는다.

한신 역시, 타 오행을 극할 힘도 의지도 없으며, 희용신이나 기구신이 한신을 극하는 도식화된 극도 성립되지 않는다.

만약, 겨울의 庚金이 丙火를 마주하고 있을 때, 단지 火가 金을 극하기 때문에 이를 극으로 보는 것 또한 잘못이다. 오히려 丙火가 겨울의 차가운 庚金을 도와주기 때문이다.

상극相剋은 서로 극한다는 자의가 있다. 이 말은, A와 B가 서로 극한다는 의미이나, 서로가 서로를 극하기 위해서는 A=B와 같은 힘의 균형이 이루어져 있을 때 가능하다. 예를 들어, 水火가 마주보고 있다는 이유로 서로가 서로를 극하는 상황은 발생하지 않는다. 반드시 기구신에 해당하는 오행이 용신이나 희신에 해당하는 오행을 마주할 때 극이 성립되기 때문이다. 따라서 水火가 상극한다는 표현은 잘못이다.

●도식화된 극과 상극개념의 오류

다음과 같은 도식화된 상극의 원리는 음양오행론의 일반적인 체에 의한 개념으로는 합당하다. 그러나 **사주의 희용신과 기구신 또는 한신이 상호작용하는 용의 개념에 의한 오행의 작용원리에는 부합되지 않으므로 각별한 주의를 요한다.**

1. 木이 土를 극할 때, 土는 金을 도와, 金으로 하여금 木을 金剋木함으로 인해서 자신을 보호하려고 하는 **木土상극**의 원리. (土가 金에게 보호를 의뢰하는 일종의 制의 개념)

2. 土가 水를 극할 때, 水는 木을 도와, 木으로 하여금 土를 木剋土함으로 인해서 자신을 보호하려고 하는 **土水상극**의 원리. (水가 木에게 보호를 의뢰하는 일종의 制의 개념)

3. 水가 火를 극할 때, 火는 土를 도와, 土로 하여금 水를 土剋水함으로 인해서 자신을 보호하려고 하는 **水火상극**의 원리. (火가 土에게 보호를 의뢰하는 일종의 制의 개념)

4. 火가 金을 극할 때, 金은 水를 도와, 水로 하여금 火를 水剋火함으로 인해서 자신을 보호하려고 하는 **火金상극**의 원리. (金이 水에게 보호를 의뢰하는 일종의 制의 개념)

5. 金이 木을 극할 때, 木은 火를 도와, 火로 하여금 金을 火剋金함으로 인해서 자신을 보호하려고 하는 **金木상극**의 원리. (木이 火에게 보호를 의뢰하는 일종의 制의 개념)

3) 제의 개념

제 制는 바로잡다, 절제하다 또는 억제하다는 자의가 있다. 제는, 자칫 극과 혼돈할 수 있는데, 제의 개념을 이해하기 위해서 예를 들면 다음과 같다.

위 戊土일간 명조에서 중화용신은 火木이다. 구신인 식신 庚金이 희신인 편관 甲木을 극하려고 하는데, 마침 용신인 편인 丙火가 庚金을 제하고 있어서 희신인 편관 甲木이 보호받고 있다. 희신과 용신오행인 木과 火가 상생해서 구신인 庚金을 이겨내고 있는 모습이다. 이러한 경우가 제와 극의 차이라고 할 수 있다. 이를 두고 丙火가 庚金을 극한다고 하면 그것은 잘못된 표현이라 할 수 있다. 만약, 천간에 기신인 편재 壬水가 용신인 편인 丙火를 극하는 경우, 丙火는 희신인 木의 도움을 필요로 한다. 이때, 土가 천간에 있더라도 기신인 水를 제해서 용신인 丙火를 보호해 줄 수 없다. 土는 기구신을 극할 힘이 없는 한신이기 때문이다.

●중화용신이 水金일 경우의 制

水.金이 용신과 희신, 土火가 기신과 구신 그리고 木이 한신인 경우의 명조를 예로 들어 설명하면 다음과 같다.

중화용신

辛戊丁癸
○ ○ 巳 ○

戊
庚
丙

金 水
閑神
木
火 土

天干의 中和用神: 壬癸庚辛
地支의 中和用神: 亥子丑辰申酉

위 戊土일간 명조에서 중화용신은 水金이다. 구신인 정인 丁火가 희신인 상관 辛金을 극하려고 하는데, 마침 용신인 정재 癸水가 丁火를 제하고 있어서 희신인 상관 辛金이 보호받고 있다. 희신과 용신오행인 金과 水가 상생해서 구신인 丁火를 제하고 있는 모습이다. 이러한 경우가 제와 극의 차이라고 할 수 있다. 이를 두고 癸水가 丁火를 극한다고 하면 그것은 잘못된 표현이라 할 수 있다. 만약, 천간에 기신인 겁재 己土가 용신인 정재 癸水를 극하는 경우, 癸水는 희신인 金의 도움을 필요로 한다. 이때, 木이 천간에 있더라도 기신인 土를 제해서 용신인 癸水를 보호해 줄 수 없다. 木은 기신인 土를 제하거나 극할 힘이 없는 한신이기 때문이다. 체가 아닌 용의 개념에 의하면, 극은 오직 기구신이 희용신을 극할 때 성립된다. 이에 비해 제의 개념은 희용신이 기신이나 구신의 작용력을 억제시킴을 뜻한다.

●중화용신이 火土일 경우의 制

火土가 용신과 희신, 水木이 기신과 구신 그리고 金이 한신인 경우의 명조를 예로 들어 설명하면 다음과 같다.

중화용신

戊甲丙壬
○○子○

壬
癸

天干의 中和用神: 丙丁戊己
地支의 中和用神: 寅巳午未戌

　위 甲木일간 명조에서 중화용신은 火土이다. 기신인 편인 壬水가 용신인 식신 丙火를 극하려고 하는데, 마침 희신인 편재 戊土가 壬水를 제하고 있어서 용신인 식신 丙火가 보호받고 있다. 희신과 용신오행인 土과 火가 상생해서 기신인 壬水를 제하고 있는 모습이다. 이러한 경우가 제와 극의 차이라고 할 수 있다. 이를 두고 壬水가 丙火를 극한다고 하면 그것은 잘못된 표현이라 할 수 있다. 만약, 천간에 구신인 비견인 甲木이 희신인 편재 戊土를 극하는 경우, 戊土는 용신인 火의 도움을 필요로 한다. 이때, 金이 천간에 있더라도 구신인 木를 제해서 희신인 戊土를 보호해 줄 수 없다. 金은 구신인 木을 제하거나 극할 힘이 없는 한신이기 때문이다. 체가 아닌 용의 개념에 의하면, 극은 오직 기구신이 희용신을 극할 때 성립된다. 이에 비해 제의 개념은 희용신이 기신이나 구신의 작용력을 억제시킴을 뜻한다.

●중화용신이 土金일 경우의 制

土.金이 용신과 희신, 木火가 기신과 구신 그리고 水가 한
신인 경우의 명조를 예로 들어 설명하면 다음과 같다.

위 庚金일간 명조에서 중화용신은 土金이다. 기신인 편
재 乙木이 용신인 정인 己土를 극하려고 하는데, 마침 희
신인 겁재 辛金이 乙木을 제하고 있어서 용신인 정인 己
土가 보호받고 있다. 희신인 겁재 辛金이 용신인 정인 己
土의 도움을 받아 기신인 乙木을 제하고 있는 모습이다.
이러한 경우가 제와 극의 차이라고 할 수 있다. 이를 두고
辛金이 乙木을 극한다고 하면 그것은 잘못된 표현이라 할
수 있다. 만약, 천간에 구신인 편관 丙火가 희신인 비견 庚
金을 극하는 경우, 庚金은 용신인 土의 도움을 필요로 한
다. 이때, 水가 천간에 있더라도 구신인 火를 제해서 희신
인 庚金을 보호해 줄 수 없다. 水는 구신인 火를 제하거나
극할 힘이 없는 한신이기 때문이다. 체가 아닌 용의 개념
에 의하면, 극은 오직 기구신이 희용신을 극할 때 성립된
다. 이에 비해 제의 개념은 희용신이 기신이나 구신의 작
용력을 억제시킴을 뜻한다.

4) 화의 개념

화 化는 따르다, 되다 또는 달라지다는 자의가 있다.
간합干合의 경우를 예로 들어 설명하면 다음과 같다. 만약, 丙火가 辛金과 합을 하면 丙辛이 합을 해서 水의 기운으로 끌고 갈 수도 있다.

그러나 실제 합을 주도하는 오행 즉, 기구신이 丙火인지 辛金인지 여부에 따라, 丙辛合이 수기를 따르기도 하고, 아니면 화기를 따르기도 한다. 일반적으로 巳午未월의 丙辛合은 丙火가 주도하여 화기를 따르고, 亥子丑辰申酉戌월의 丙辛合은 辛金이 주도하여 수기를 따른다고 할 수 있다. 전자는 辛金이 丙火에게 합을 당해서 자신을 버리고 화기를 쫓기 때문에 火로 화하였다라고 할 수 있다. 후자의 경우, 丙火가 辛金에게 합을 당해서 수기를 쫓기 때문에 水로 화하였다고 할 수 있다. 이를 합거合去[15]라고 한다.

그러나 사주 내에서 합을 당하는 오행을 도와주는 오행의 세력이 간지에서 발달 되어 있다면, 기구신에 해당하는 오행이 일방적으로 합을 주도하지 못하고 적절한 중화를 이루고 있는 경우도 있다. 만약, 합을 하는 두 글자 중 어느 한쪽이 한신인 경우도 위와 구분되어야 한다.

---

15) 합거(合去): 일반적으로, 용신이나 희신에 해당하는 오행을 기신이나 구신에 해당하는 오행이 합을 주도해서, 희용신의 중화작용을 방해하는 것을 의미한다.

●용신이 기신에게 합거되는 경우

木火가 용신과 희신, 金水가 기신과 구신 그리고 土가 한 신인 경우의 명조를 예로 들어 설명하면 다음과 같다.

위 丙火일간 명조에서 중화용신은 木火이다. 사주에서 가장 강한 오행의 작용력을 가진 金水오행 중, 기신인 편재 庚金이 용신인 정인 乙木을 '庚乙'합하고 있다.

만약, 년간에 기신인 편재 庚金을 제해주는 희신인 비견 丙火가 없다면, 乙木은 庚金에게 합거되어 庚乙合金이 된 다고 볼 수 있다. 그러나 丙火가 있다 하더라도 지지에 용 신의 근인 寅卯巳午未戌이 전혀 없다면 합거될 수 있다. 따라서, 용신이 합거될 경우는 희신이, 희신이 합거될 경 우는 용신이 천간에 있어서 상생해주고 지지에 뿌리를 얻 으면 일방적으로 합거되지 않을 수 있다는 의미이다. 만 약, 丙火 대신 구신인 편관 壬水가 있을 경우도 합거된다. 이를 두고, 庚生壬, 壬生乙, 乙生丙이라는 체에 의한 생의 개념을 적용해서 극 또는 합거되지 않는다는 주장은 잘못 이다.

●희신이 구신에게 합거되는 경우

水金이 용신과 희신, 土火가 기신과 구신 그리고 木이 한신인 경우의 명조를 예로 들어 설명하면 다음과 같다.

위 丙火일간 명조에서 중화용신은 水金이다. 사주에서 가장 강한 오행의 작용력을 가진 土火오행 중, 구신인 비견 丙火가 희신인 정재 辛金을 '丙辛'합하고 있다.

만약, 년간에 구신인 비견 丙火를 제해주는 용신인 편관 壬水가 없다면, 辛金은 丙火에게 합거되어 丙辛合火가 된다고 볼 수 있다. 그러나 壬水가 있다 하더라도 지지에 용신의 근인 亥子丑辰申酉가 전혀 없다면 합거될 수 있다. 따라서, 희신이 합거될 경우는 용신이, 용신이 합거될 경우는 희신이 천간에 있어서 상생해주고 지지에 뿌리를 얻으면 일방적으로 합거되지 않을 수 있다는 의미이다.

만약, 壬水 대신 기신인 식신 戊土가 있을 경우도 합거된다. 이를 두고, 戊生辛, 辛生壬이라는 체에 의한 생의 개념을 적용해서 극 또는 합거되지 않는다는 주장은 잘못이다.

●합을 하지만 기구신으로 化하지 않는 경우

木火가 용신과 희신, 金水가 기신과 구신 그리고 土가 한신인 경우의 명조를 예로 들어 설명하면 다음과 같다.

중화용신

위 丙火일간 명조에서 중화용신은 木火이다. 사주에서 가장 강한 오행의 작용력을 가진 金水오행 중, 구신인 편관 壬水가 희신인 겁재 丁火를 '壬丁'합하고 있다.

만약, 년간에 합당하고 있는 丁火를 도와 줄 용신인 인성 木이 있고, 지지에 용신의 근인 寅卯巳午未戌이 있다면 丁火는 壬水에게 일방적으로 합거되지 않을 수 있다. 따라서, 희신이 합거될 경우는 용신이, 용신이 합거될 경우는 희신이 천간에 있어서 상생해주고 지지에 뿌리를 얻으면 일방적으로 합거되지 않을 수 있다는 의미이다.

만약, 甲木대신 구신인 壬水를 돕는 기신인 편재 庚金이 있을 경우, 희신인 丁火가 지지에 용신의 근인 寅卯巳午未戌이 있다하더라도 壬水가 丁火를 壬丁合水할 수도 있다. 木火가 중화용신인 위 명조는 천간에 甲木이 있고 용신의 근인 午寅未가 있어서 壬丁合木의 묘함이 있는 중화된 사주로 평가할 수 있다.

제 2 장

중화용신의 도출 원리

1절

생조억설의 억부용신

1) 생조生助

　　生: 나다, 낳다, 돕다(생해주다)

　　助: 돕다, 거들다, 힘을 빌리다

2) 억설抑洩

　　抑: 누르다, 물리치다, 억제하다

　　洩: 새다, 흘려보내다, 빼다

3) 억부抑扶용신의 개념

생 · 조 · 억 · 설을 일컫는 억부용신은, 일간오행이 약하면 생하거나 조하는 인겁16)印劫으로 중화를 꾀하거나, 강하면 관성인 정관과 편관으로 극하거나, 식신 또는 상관으로 그 힘을 설기해서 사주의 중화를 꾀하는 것을 의미한다. 그러나 강하더라도 조후를 살펴서 극과 설을 판단해야한다. 조후가 급하면 사주가 약함에도 불구하고 식신, 상관이 비겁과 함께 희용신이 되거나, 관성이 인성과 함께 희용신이되는 경우가 있다. 이때 강한 오행이라 함은 해당오행이 기신과 구신에 해당하는 오행을 말한다.

---

16) 인겁: 인성인 정인과 편인, 비겁인 비견과 겁재를 통칭하는 표현이다.

2절

한난조습의 조후용신

1) 한난寒暖

　　　寒: 차다, 춥다/ 亥子丑寅月

　　　暖: 따뜻하다, 덥다/ 巳午未月

2) 조습燥濕

　　　燥: 마르다, 건조하다/ 卯申酉戌月

　　　濕: 젖다, 축축하다/ 辰月

3) 조후調候용신의 개념

조후용신은 한·난·조·습이라는 말 그대로 추우면 데워주고, 더우면 식혀주는 것, 그리고 조열하면 습기를, 습하면 말려주는 것을 가리킨다. 水火 양기를 두고 예를 들면, 水가 강하면 火가, 火가 강하면 水가 사주의 중화를 돕는 오행이 된다.

이때, 水는 金의 도움을, 火는 木의 도움을 필요로 하기 때문에 水金상생, 火木상생이 된다. 그러나, 위 조후의 원리에 해당되더라도 억부가 급하면 생조억설인 억부의 원리를 우선하여 용신과 희신이 결정된다.

3절

억부용신과 조후용신의 합치

1) 억부가 급할 때의 중화용신

억부가 급한 경우는 다음 두 가지로 분류할 수 있다.
첫째, 일간이 약한 경우로 인성이 용신이며 비겁이 희신에 해당한다. (생조生助)

木火 중화용신[17)]

【제 8유형】亥子丑월의 丙丁火 (**인성**木과 비겁火로 생조)
【제 9유형】寅월의 丙丁火 (**인성**木과 비겁火로 생조)
【제11유형】辰월의 丙丁火 (**인성**木과 비겁火로 생조)
【제13유형】申酉戌월의 丙丁火 (**인성**木과 비겁火로 생조)

金水 중화용신

【제27유형】寅卯월의 壬癸水 (**인성**金과 비겁水로 생조)
【제29유형】巳午未월의 壬癸水 (**인성**金과 비겁水로 생조)

火土 중화용신

【제16유형】卯월의 戊己土 (**인성**火와 비겁土로 생조)

土金 중화용신

【제22유형】卯월의 庚辛金 (**인성**土와 비겁金으로 생조)

---

17) 고유번호는 제4장【계절별 30유형의 중화용신표】에 준한다.

둘째, 일간이 강한 경우로 식신(상관)이 용신이며 재성이 희신에 해당된다. (설기洩氣)

火土 중화용신
【제 4유형】卯월의 甲乙木 (**식상**火와 재성土로 설기)

이와 같이 일간이 약해 인성과 비겁이 용신과 희신이 되는 경우와, 일간이 강해서 식신(상관) 또는 재성으로 설기되어 용신과 희신이 되는 경우는 공히 조후가 급하지 않아야 한다.

위 분류 사례에서【제 9유형】寅월의 丙丁火 일간은 아직 추운 봄이라는 환경을 고려한다면 丙丁火는 이를 돕는 인성 甲乙木의 도움을 우선한다고 보아 억부 개념이 우선 적용된 경우이다. 丙丁火가 월지 寅木을 얻었음에도 강하다고 보기 어려운 이유가 여기에 있다.

또,【제27유형】寅卯월의 壬癸水 중, 寅월의 壬癸水 일간은 비록 아직 추운 봄이기는 하나 寅木 속의 丙火가 있기 때문에 억부 개념을 우선 적용하였다.

그러나 寅월의 木土金(甲乙·戊己·庚辛) 일간의 경우 조후 개념을 우선 적용해서 공히 火가 용신이 된다.

【제16유형】卯월의 戊己土 일간은 관성이 강한 이유로, 그리고【제22유형】卯월의 庚辛金 일간은 재성이 강한 이유로 억부 개념을 우선 적용해 인겁이 중화용신이 된다.

2) 조후가 <u>급할 때</u>의 중화용신

조후가 급한 경우는 용신과 희신의 조합이 火木이 되는 경우와 水金이 되는 경우로 구분된다.(한난조습)

<u>火</u>木 중화용신

【제 2유형】 丑월의 甲乙木 (<u>식상</u>火와 비겁木으로 조후)
【제 5유형】 辰월의 甲乙木 (<u>식상</u>火와 비겁木으로 조후)
【제 7유형】 申酉戌월의 甲乙木 (<u>식상</u>火와 비겁木으로 조후)

【제14유형】 亥子丑월의 戊己土 (<u>인성</u>火와 관성木으로 조후)
【제15유형】 寅월의 戊己土 (<u>인성</u>火와 관성木으로 조후)
【제17유형】 辰월의 戊己土 (<u>인성</u>火와 관성木으로 조후)
【제19유형】 申酉戌월의 戊己土 (<u>인성</u>火와 관성木으로 조후)

<u>水</u>金 중화용신

【제 6유형】 巳午未월의 甲乙木 (<u>인성</u>水와 관성金으로 조후)

【제24유형】 巳午未월의 庚辛金 (<u>식상</u>水와 비겁金으로 조후)

이와 같이 조후 개념을 우선해서 적용하는 사주는 火木이 중화용신이거나, 水金이 중화용신이 되는 경우이다. 그런데 이때 甲乙木·戊己土·庚辛金 일간은 일간오행이 희신이거나, 한신이 되는 특징이 있다. 이것은 일간이 신약身弱하다는 것을 의미한다.

3) 조후와 억부 개념의 합치에 의한 중화용신

순수하게 조후의 개념만으로 용신과 희신이 도출되는 경우 일간 오행이 희신 또는 한신이 되는 것과 달리, 일간 오행이 기구신에 해당되어 신강身强할 때 식상이나 재성 오행에 의해 설기洩氣되어 조후 개념과 합치되거나, 희신 재성의 도움을 받는 용신 관성 오행에 의해 억제抑制되어 조후 개념과 합치되는 경우가 있다. 용신별 사례를 들면 다음과 같다.(억설+한난조습)

火土 중화용신

【제 1유형】亥子월의 甲乙木 (**식상**火와 재성土로 **설기**+조후)

【제 3유형】寅월의 甲乙木 (**식상**火와 재성土로 **설기**+조후

火木 중화용신)

【제 20유형】亥子丑월의 庚辛金 (**관성**火와 재성木으로 **억제**+조후)

【제 21유형】寅월의 庚辛金 (**관성**火와 재성木으로 **억제**+조후)

【제 23유형】辰월의 庚辛金 (**관성**火와 재성木으로 **억제**+조후)

【제 25유형】申酉戌월의 庚辛金 (**관성**火와 재성木으로 **억제**+조후)

【제 26유형】亥子丑월의 壬癸水 (**재성**火와 식상木으로 **설기**+조후)

【제 28유형】辰월의 壬癸水(**재성**火와 식상木으로 **설기**+조후)

【제 30유형】申酉戌월의 壬癸水 (**재성**火와 식상木으로 **설기**+조후)

水金 중화용신

【제 10유형】卯월의 丙丁火 (**관성**水와 재성金으로 **억제**+조후)

【제 12유형】巳午未월의 丙丁火 (**관성**水와 재성金으로 **억제**+조후)

【제 18유형】巳午未월의 戊己土 (**재성**水와 식상金으로 **설기**+조후)

4) 중화용신: 네 가지 유형의 용신과 희신의 조합

중화용신은 한난조습의 조후와 생조억설의 억부의 개념이 합치된 개념으로, 사주의 중화를 돕는 두 가지 오행을 의미한다. 여기서 '사주의 중화를 돕는다'는 것은, 일간을 편안하게 해준다는 의미와도 같다.

주목할 만한 내용은, 金일간 사주가 인겁인 土金이 용신이 되거나, 土일간 사주가 인겁인 火土가 용신이 경우가 되는 경우를 제외하고는 용신과 희신의 조합이 水金(金水)이거나 火木(木火)이 된다는 점이다. 그런데, 亥子寅卯월의 木일간 사주에서처럼 중화용신이 火土가 되는 경우가 있는데, 이는 火木상생, 水金상생과는 구분되어야 하겠지만, 사주의 중화를 위해 火土가 서로 협조한다는 점에서 같은 맥락으로 이해할 수 있다. 이를 통해, 용신과 희신은 상호의존적이라는 것을 알 수 있다. '상호의존'은 '상생'의 의미와 크게 다르지 않다.

그렇다면, 사주의 중화를 돕는 용신과 희신의 조합은 오직 네 가지만 존재한다는 것을 확인할 수 있는데 요약하면 다음과 같다. 용신과 희신을 극하는 글자가 기신과 구신이다.

1. **水**金 중화용신 (**金**水 중화용신) : 木 한신

2. **火**木 중화용신 (**木**火 중화용신) : 土 한신

3. **火**土 중화용신 : 金 한신

4. **土**金 중화용신 : 水 한신

제 3 장

중화용신
(용신과 희신의 조합)

1절

일간을 돕는 두 가지 오행

1) 용신과 희신은 상생하는 관계이다

용신과 희신은 상호의존적이거나 상생하는 관계이다. 상생이라 함은 A가 B를, B가 A를 돕는다는 의미이다. 예를 들면, 金이 水를 생하기도 하지만 水도 金을 생한다는 것으로 金生水, 水生金이 된다. 이와 같은 관계는, 木이 火를 생하기도 하지만 火도 木을 생한다는 것으로 木生火, 火生木이 되는 이치이다.

따라서 용신과 희신의 조합인 중화용신은 거의 대부분이 이에 해당한다.

戊己土 또는 庚辛金일간 사주에서 인겁인 火土나 土金이 중화용신이 되는 경우는 2장 3절에서 언급한 바와 같다.

丙丁火일간 사주에서 인성인 木과 비겁인 火가 중화용신이 되거나, 庚辛金일간 사주에서 식신 또는 상관인 水와 비겁인 金이 중화용신이 되거나, 壬癸水일간 사주에서 인성인 金과 비겁인 水가 중화용신이 되는 경우가 있으나, 모두 중화용신의 네 가지 조합에 해당되며, 용신과 희신의 조합이 이에 벗어나는 경우의 수는 없다. 즉, 사주의 중화를 위해 상생하는 두 오행의 관계도 인:겁, 관:인, 재:관, 식신(상관):재성, 비겁:식신(상관) 외에는 존재하지 않는다.

2) 용신과 희신은 간지에 모두 있으면 좋다

사주의 천간에 용신과 희신이 있으면 중화가 용이하다. 이들 오행이 나란히 있으면 더욱 유정하며, 떨어져 있더라도 극을 하거나 간합으로 인해 합거슴去하는 오행이 없으면 좋다. 용신과 희신이 상생해서 천간에 있다는 것은, 기신이나 구신이 대운, 세운에서 동시에 원국의 용신과 희신을 극하지 않는 한, 사주의 중화가 쉽게 흐트러지지 않는다는 측면에서 평가할만하다.

만약, 천간에 용신과 희신이 있는데 지지에도 이를 돕는 오행이 그 뿌리 역할을 해준다면, 용신과 희신은 힘을 얻었다고 할만하다. 그러나 용신의 뿌리가 되는 이들 오행 역시 주변의 다른 글자로부터 충을 받거나 합이 되어 그 힘이 묶이지 않아야 한다. 용신의 근에 관한 논의는 2절에서 논하겠다.

요약하면 다음과 같다.

1. 용신과 희신은 천간에 있으면 좋다.
2. 용신과 희신의 뿌리가 지지에 있으면 좋다.
3. 용신 없는 희신은 무력할 수 있으며,
   희신 없는 용신은 기구신의 극으로부터 취약하다.
4. 천간에서 희용신이, 지지에서 용신의 근이 기구신에
   의해 극충 되거나 합이 되면 불리하다.
5. 용신과 희신 오행은 많으면 중화에 유리하다.

3) 용신이 극 받아도 용신은 용신이다

용신이 극 받으면 안 된다고 하는 것은 고전 격국 용신론의 주장이다. 이와 같은 표현은 고전 사주학에서 일관되게 이어지고 있지만, 용신의 개념 차이를 고려한다 하더라도 전혀 논리성이 없다. 무엇보다도 천편일률적인 극의 작용을 적용한데서 오는 근본적인 오류라고 보아야 할 것이다. 이 문제는 용신의 개념이 용사지신用事之神에 비중을 둔 개념인지, 아니면 유용지신有用之神에 비중을 둔 개념인지를 이해하면 어렵지 않게 이해할 수 있다. 일반적으로, 용사지신이란 월지에서 가장 힘이 있거나, 사주 내에서 의미 있는 글자가 천간에 투출된 경우를 두고 격국용신으로 보지만, 실제 이들 오행을 물리적으로 극할 수 있는 오행은 존재하지 않는다. 상대적으로 약한 오행이 강한 오행을 극하는 것은 '도식화된 극'의 해석으로, 이는 '극의 오류'이기 때문이다.

현대명리학에서 사주의 중화를 돕는 오행이 용신이다. 사주의 중화를 돕는 오행은 상대적으로 오행의 작용력이 약하다. 만약 사주의 중화를 돕는 희용신의 도출이 어긋나면 희기를 구분할 수 없게 된다. 고전 사주학의 논리로 '강한' 오행을 구하고자 한다면 오히려, 본서의 기구신에 해당하는 오행이 '용신'이 된다는 역설이 성립된다. 용신은 중화의 정도를 가늠하는 잣대이자 사주해석의 이론적 도구이다. 극 받는다고 해서 용신으로 쓸 수 없다는 발상 자체가 잘못된 것이다.

2절

4 유형의 중화용신과 용신의 근

1) 火木(木火)용신과 용신의 근

중 화용신이 火木이라는 것은, 천간에서의 丙丁火와 甲乙木을 말한다. 일반적으로 火와 木을 생해주는 오행은 각각 木과 水이다.

그러나 용신의 근이라는 개념은, 용신인 丙丁火와 희신인 甲乙木이 사주의 중화를 돕고 일간을 편안하게 해주기 위해서 필요한 지지오행을 의미한다. 천간의 중화용신은 반드시 용신의 근이 필요하다. 뿌리가 없거나 약하면 이들에 의해 힘을 유지하고 있는 중화용신이 기구신의 극으로부터 취약해짐은 물론 사주의 중화작용이 힘을 얻지 못하기 때문이다.

바꾸어 말하면, 지지의 용신의 근에 해당하는 오행은 천간에 용신과 희신 즉, 중화용신이 가시적으로 투출됨으로써 중화작용을 도울 수 있게 되는 것이다.

火木 또는 木火가 중화용신일 경우, 이들의 뿌리인 용신의 근은 다음과 같다.

<u>丙丁</u>甲乙   <u>甲乙</u>丙丁
寅卯巳午未戌   寅卯巳午未戌

만약, 천간에 기구신인 壬癸庚辛, 지지에 申酉亥子丑辰이 있으면 극 받아 불리하다.

2) 水金(金水)용신과 용신의 근

중 화용신이 水金이라는 것은, 천간에서 壬癸水와 庚辛金을 말한다. 일반적으로 水와 金을 생해주는 오행은 각각 金과 土이다.

그러나 용신의 근이라는 개념은, 용신인 壬癸水와 희신인 庚辛金이 사주의 중화를 돕고 일간을 편안하게 해주기 위해서 필요한 지지오행을 의미한다. 천간의 중화용신은 반드시 용신의 근이 필요하다. 뿌리가 없거나 약하면 이들에 의해 힘을 유지하고 있는 중화용신이 기구신의 극으로부터 취약해짐은 물론 사주의 중화작용이 힘을 얻지 못하기 때문이다.

바꾸어 말하면, 지지에서 용신의 근에 해당하는 오행은 천간에 용신과 희신 즉, 중화용신이 가시적으로 투출됨으로써 중화작용을 도울 수 있게 되는 것이다. 따라서 중화용신은 이에 해당하는 오행 전체를 아우르는 개념이다. 다만 오행을 두루 갖추는 것도 중요하기 때문에, 천간에서 용신과 희신 그리고 지지에서 이들 오행의 뿌리가 될 오행은 반드시 필요하다.

水金 또는 金水가 중화용신일 경우, 이들의 뿌리인 용신의 근은 다음과 같다.

<u>壬癸</u>庚辛　　　<u>庚辛</u>壬癸
亥子丑辰申酉　　亥子丑辰申酉

만약, 천간에 기구신인 戊己丙丁, 지지에 巳午未戌寅이 있으면 극 받아 불리하다.

3) 火土용신과 용신의 근

중 화용신이 火土라는 것은, 천간에서 丙丁火와 戊己土를 말한다. 일반적으로 火와 土을 생해주는 오행은 각각 木과 火이다.

그러나 용신의 근이라는 개념은, 용신인 丙丁火와 희신인 戊己土가 사주의 중화를 돕고 일간을 편안하게 해주기 위해서 필요한 지지오행을 의미한다. 천간의 중화용신은 반드시 용신의 근이 필요하다. 뿌리가 없거나 약하면 이들에 의해 힘을 유지하고 있는 중화용신이 기구신의 극으로부터 취약해짐은 물론 사주의 중화작용이 힘을 얻지 못하기 때문이다.

바꾸어 말하면, 지지에서 용신의 근에 해당하는 오행은 천간에 용신과 희신 즉, 중화용신이 가시적으로 투출됨으로써 중화작용을 도울 수 있게 되는 것이다. 따라서 중화용신은 이에 해당하는 오행 전체를 아우르는 개념이다. 다만 오행을 두루 갖추는 것도 중요하기 때문에, 천간에서 용신과 희신 그리고 지지에서 이들 오행의 뿌리가 될 오행은 반드시 필요하다.

火土가 중화용신일 경우, 이들의 뿌리인 용신의 근은 다음과 같다.

<u>丙丁</u>戊己
寅巳午未戌

만약, 천간에 기구신인 甲乙壬癸, 지지에 申亥子丑辰이 있으면 극 받아 불리하다.

4) 土金용신과 용신의 근

중 화용신이 土金이라는 것은, 천간에서 戊己土와 庚辛
金을 말한다. 일반적으로 土와 金을 생해주는 오행
은 각각 火과 土이다.

그러나 용신의 근이라는 개념은, 용신인 戊己土와 희신인
庚辛金이 사주의 중화를 돕고 일간을 편안하게 해주기 위해
서 필요한 지지오행을 의미한다. 천간의 중화용신은 반드시
용신의 근이 필요하다. 뿌리가 없거나 약하면 이들에 의해 힘
을 유지하고 있는 중화용신이 기구신의 극으로부터 취약해짐
은 물론 사주의 중화작용이 힘을 얻지 못하기 때문이다.

바꾸어 말하면, 지지에서 용신의 근에 해당하는 오행은 천
간에 용신과 희신 즉, 중화용신이 가시적으로 투출됨으로써
중화작용을 도울 수 있게 되는 것이다. 따라서 중화용신은 이
에 해당하는 오행 전체를 아우르는 개념이다.

여기서 지지 辰戌丑未는 체의 개념으로는 근이 되나 용의
개념으로는 근의 의미를 부여하기가 어렵다.

土金이 중화용신일 경우, 이들의 뿌리인 용신의 근은 다음
과 같다.

<u>戊己</u>庚辛
申酉(辰戌丑未)

만약, 천간에 기구신인 甲乙丙丁, 지지에 寅卯가 있으면
극 받아 불리하다.

3절

희용기구한신의 이해

1) 희용신의 이성적 오행작용

십 간 즉, 甲·乙·丙·丁·戊·己·庚·辛·壬·癸는 각각 고유의 특성을 가지고 있다. 뿐만 아니라, 특정 오행이 일간과 어떤 관계인지를 의미하는 십성, 즉, 비견·겁재·식신·상관·편재·정재·편관·정관·편인·정인 또한 가족관계와 심리를 분석함에 있어서 고유의 특성을 가지고 있다. 물론 십성은 철저하게 십간의 해석에 기초하므로 이들은 불가분의 관계에 있다고 할 수 있다.

편관의 예를 들면, 같은 편관이라도 그것이 甲木이나 乙木인지 아니면 庚金이나 辛金인지 여부에 따라 전혀 다른 편관이 된다는 뜻이다.

만약, 편관이 용신 또는 희신에 해당하면 이들은 이성적 오행작용이 발생하게 된다. 이성적 오행작용은 십간과 십성에 의해 표현되는 이성적 재능과 이성적 심리작용으로 볼 수도 있다. 이때 편관이 기구신에 해당될 때와 전혀 다른 차원에서 관찰할 필요가 있는 것이다.

이성적이라는 말은 감성적이라는 말의 상대적 개념이며, 기구신에 의해 발생하는 치우친 감정을 다스리려고 하는 데서 오는 희용신의 중화작용에서 비롯된다.

2) 기구신의 감성적 오행작용

십간 즉, 甲 · 乙 · 丙 · 丁 · 戊 · 己 · 庚 · 辛 · 壬 · 癸는 각각 고유의 특성을 가지고 있다. 뿐만 아니라, 특정 오행이 일간과 어떤 관계인지를 의미하는 십성, 즉, 비견 · 겁재 · 식신 · 상관 · 편재 · 정재 · 편관 · 정관 · 편인 · 정인 또한 가족관계와 심리를 분석함에 있어서 고유의 특성을 가지고 있다. 물론 십성은 철저하게 십간의 해석에 기초하므로 이들은 불가분의 관계에 있다고 할 수 있다.

정인의 예를 들면, 같은 정인이라도 그것이 丙火나 丁火인지 아니면 壬水나 癸水인지 여부에 따라 전혀 다른 정인이 된다는 뜻이다.

만약, 정인이 용신 또는 희신에 해당하면 이들은 이성적 오행작용이 발생하게 된다. 이성적 오행작용은 십간과 십성에 의해 표현되는 이성적 재능과 이성적 심리작용으로 볼 수도 있다. 이때 정인이 희용신에 해당될 때와 전혀 다른 차원에서 관찰할 필요가 있는 것이다.

감성적이라는 말은 이성적이라는 말의 상대적 개념이며, 기구신에 의해 발생하는 강한 오행작용에서 비롯된다. 그러나 감성작용에는 이성적 요소가 내재되어 있으므로 이를 적절히 활용하는 것이 중요하다. 기구신은 감성이 우선하지만 희용신은 오직 이성작용으로 발현되므로, 기구신에 의해 극받으면 그 작용력이 무력해질 수 있다.

3) 한신의 다양한 오행작용

한신은 용신과 희신 그리고 이들 오행을 각각 극하는 기신과 구신이 도출되고 남는 한 가지 오행이다. 한신은 용신이나 희신을 이롭게 할 수도 있지만, 경우에 따라서 기신이나 구신을 이롭게 할 수도 있다.

무엇보다 중요한 것은 일간의 의지대로 움직여지지 않는 특징이 있다. 만약 한신에 해당하는 어떤 오행이 있다면, 그것은 가족관계 해석이나 심리해석에 있어서 뚜렷하지 않은 작용력을 의미한다.

그렇기 때문에 희용신의 도출에 오류가 생기면 엉뚱한 오행이 한신이 되는 모순이 발생할 수 있는 것이다.

심지어 기구신 만이 희용신을 극할 수 있는 극의 문제에 있어서도, 한신이 개입되면 혼란을 겪을 수 있다.

한신 역시 타 오행을 극할 수 없기 때문이다. 극할 수 있는 물리적 힘이 없는데 도식적인 극의 관계라고 해서 극으로 볼 수 없는 것이다. 만약 이러한 극의 문제를 이해하지 못하면 가족관계의 해석뿐만 아니라 심리분석과 운의 길흉해석의 오류로 이어지게 된다.

한신 오행은 부분적으로 이성적 특성이 나타날 수도 있고, 경우에 따라서 감성적 특징이 동반되어 나타날 수 있다. 그런가하면 한신 오행은 말 그대로 별다른 오행의 작용력이 나타나지 않는 경우도 있다.

제 4 장

계절별 30유형의 중화용신

【계절별 30유형의 중화용신표】[18]

분류번호	月支	일간오행	용신·희신 水·金(金·水)	용신·희신 火·木(木·火)	용신·희신 火·土	용신·희신 土·金
1	亥·子	甲乙			○	
2	丑			○		
3	寅				○	
4	卯				○	
5	辰			○		
6	巳·午·未		○			
7	申·酉·戌			○		
8	亥·子·丑	丙丁		○[木·火]		
9	寅			○[木·火]		
10	卯			○		
11	辰			○[木·火]		
12	巳·午·未			○		
13	申·酉·戌			○[木·火]		
14	亥·子·丑	戊己		○		
15	寅			○		
16	卯				○	
17	辰			○		
18	巳·午·未		○			
19	申·酉·戌			○		
20	亥·子·丑	庚辛		○		
21	寅			○		
22	卯					○
23	辰			○		
24	巳·午·未		○			
25	申·酉·戌			○		
26	亥·子·丑	壬癸		○		
27	寅·卯		○[金·水]			
28	辰			○		
29	巳·午·未		○[金·水]			
30	申·酉·戌			○		

【4유형의 중화용신(용신+희신)과 용신의 근】

4中和用神 / 干支關係	水·金用神 (金·水用神)	火·木用神 (木·火用神)	火·土用神	土·金用神
天干五行	壬癸·庚辛	丙丁·甲乙	丙丁·戊己	戊己·庚辛
地支五行	亥·子·丑·申·酉	寅·卯·巳·午·未·戌	寅·巳·午·未·戌	申·酉 (辰·丑·戌·未)

18) 이건희,「명리학의 중화용신 개념에 근거한 인간심성연구」(박사학위논문 2020)181쪽.

1절

상생의 원리

1) 화목상생

火 木 또는 木火가 상생하는 근거는, 오행을 이분二分했을 때, 이들 오행은 양에 해당하기 때문이다. 양기陽氣는 양기와 상생이 용이하다. 木火土金水를 이분하면 火木은 양기이며, 水金은 음기이다. 오행이 다시 십간으로 분화하면, 甲‧乙‧丙‧丁‧戊‧己‧庚‧辛‧壬‧癸 중, 甲‧乙‧丙‧丁은 양기이며, 庚‧辛‧壬‧癸는 음기이다. 土는 이들 양기兩氣를 아우른다. 양기의 예를 들면, 甲과 丙이 상생하고 乙과 丁이 상생한다. 이와 같이 甲과 丁이 반생半生하고 乙과 丙이 반생 한다. 상생의 작용력만을 본다면, 甲生丁이나 乙生丙에 비해 甲生丙이나 乙生丁이 우선한다고 볼 수 있다.

이들의 상생은 반드시 木이 火를 생하거나, 火가 木을 생하는데 그치지 않고, 서로가 서로를 돕는 상생이 된다는 점을 유의할 필요가 있다.

예를 들어, 겨울의 木이 火가 있어야 얼지 않는다면 이는 火生木의 다른 표현이다. 그런데 火는 木의 도움이 있어야만 그 가치를 유지할 수 있다. 이는 木生火의 다른 표현이다.

사주 내에서 木과 火가 희용신에 해당된다면, 木火가 상생해서 사주의 중화를 돕게 되는 이치이다.

2) 수금상생

水　金 또는 金水가 상생하는 근거는, 오행을 이분二分했을 때, 이들 오행은 음에 해당하기 때문이다. 음기陰氣는 음기와 상생이 용이하다. 木火土金水를 이분하면 水金은 음기이며, 火木은 양기이다. 오행이 다시 십간으로 분화하면, 甲·乙·丙·丁·戊·己·庚·辛·壬·癸 중, 庚·辛·壬·癸는 음기이며, 甲·乙·丙·丁은 양기이다. 土는 이들 양기兩氣를 아우른다. 음기의 예를 들면, 庚과 壬이 상생하고 辛과 癸가 상생한다. 이와 같이 庚과 癸가 반생半生하고 辛과 壬이 반생 한다. 상생의 작용력만을 본다면, 庚生癸나 辛生壬에 비해 庚生壬이나 辛生癸가 우선한다고 볼 수 있다.

　이들의 상생은 반드시 金이 水를 생하거나, 水가 金을 생하는데 그치지 않고, 서로가 서로를 돕는 상생이 된다는 점을 유의할 필요가 있다.

　예를 들어, 여름의 金은 水가 있어야 그 가치를 발할 수 있다. 이는 水生金의 다른 표현이다. 그런데 水는 金의 도움이 있어야만 그 가치를 유지할 수 있다. 이는 金生水의 다른 표현이다. 사주 내에서 金과 水가 희용신에 해당된다면, 金水 또는 水金이 상생해서 사주의 중화를 돕게 되는 이치이다.

　만약 이들 오행이 각각 기구신에 해당해도, 金水상생한다고 할 수 있으나, 사주의 중화를 방해한다는 점에 있어서 같은 맥락이라 할 수 없다.

3) 화토/토금유정

火 木이 상생하거나 水金이 상생하는 경우와 달리, 사주 일간이 약해서 이를 돕는 인성과 비겁 즉, 인겁인 火土나 土金이 용신과 희신이 되어 사주의 중화를 꾀하는 것은 전자와 구분이 되어야 한다.

전자는 火木 또는 水金이 상생하고, 후자는 火土 또는 土金이 유정하다고 표현할 수 있다.

그러나, 火土의 경우 亥子寅卯월의 甲乙木 일간에서 火土 오행이 천간에 있을 때, 식신(상관)인 화기와 재성인 토기를 얻으면 식신(상관)생재격이 되므로 마땅히 구분되어야 한다. 일간이 약해 인겁을 필요로 하는 경우와, 반면, 일간이 강해 그 힘을 설기하는 가운데 火土가 용신이 되는 차이가 있기 때문이다.

일반적으로, 용신과 희신의 조합이 火土 또는 土金이 되어 사주의 중화를 도모하게 되는 경우는, 일간이 힘이 약해 이를 돕는 인성과 비겁 즉, 인겁이 용신과 희신이 되는 경우이다.

여기에는, 卯월의 戊己土 일간 사주에서 인겁인 火土가 용신과 희신이 되는 경우와, 卯월의 庚辛金 일간 사주에서 인겁인 土金이 용신과 희신이 되는 경우에 국한된다.

따라서 火土나 土金은, 火木이나 水金이 상생해서 사주의 중화를 돕는 경우와 달리 상생이라는 표현 보다는 유정有情이라는 표현이 합당하다고 보아야 할 것이다.

2절

계절별 30유형의 중화용신

1) 甲乙木 일간 1~7유형

【1】亥子월의 甲乙木 일간 : 억부〔洩〕+조후적용

"해자월의 甲乙木일간 사주는
火土가 중화용신이다"

A 乾命

법조인

亥 子월의 강한 수기가 甲乙木을 생하는 환경에서 丙丁 火가 필요한 것은 당연한 이치이다. 이렇게 강한 甲 乙木은 자연스레 그 힘을 설기하면서 강약의 조율을 맞추고 또한 화기에 의한 조후를 기대하게 된다. 金으로 강한 木을 억제하는 것은 불가하다.

B 坤命

戊乙甲癸

子未子丑

壬	丁	壬	癸
	乙		辛
癸	己	癸	己

天干의 中和用神 : 丙丁戊己
地支의 中和用神 : 寅巳午未戌

유흥업계 종사

문제는 희신인데, 火를 돕기 위한 木이 희신이라고 주장할 수도 있으나, 억부와 조후의 동시작용을 고려해 볼 때 수기를 막기 위한 土의 역할을 기대하게 되므로 土가 희신이 된다. 火를 필요로 하면서 水도 막아야 한다는 논리이다.

그렇게 되면 火土가 중화용신이며, 火土가 사주의 중화작용을 돕는 이성적 마음작용을 하게 되고 水木은 희용신을 극하는 가운데 감성적 마음작용을 하게 된다.

水는 기신, 木은 구신 그리고 金은 한신이 된다. 만약 사주천간에 경신금이 발달된 것 같이 보여도 그 작용력은 한신의 범주를 벗어나지 못한다고 보아야 할 것이다.

지지에서 용신의 근은 寅巳午未戌이 된다. 위 A 명조는 천간에 용신인 丙丁火가 있으면 식신생재격이 되고, B 명조는 겁재 甲木과 편인 癸水가 강해서 뿌리가 약한 희신 戊土가 무력하다.

【2】 丑월의 甲乙木 일간 : 조후 우선적용

"축월의 甲乙木일간 사주는
火木이 중화용신이다"

乾命

癸**甲**己庚
酉**戌**丑辰

庚	辛	癸	乙
辛	丁	辛	癸
	戊	己	戊

天干의 中和用神 : 丙丁甲乙
地支의 中和用神 : 寅卯巳午未戌

위암원인 사망

丑월의 甲乙木은 亥子월에 비해 그 환경이 더욱 냉한 가운데, 火가 용신이며 이를 돕는 木이 급하게 필요하여 비겁인 木이 희신이 된다. 조후가 급하기 때문이다. 水는 기신, 金은 구신 그리고 土는 한신이 되며, 지지 용신의 근은 寅卯巳午未戌이 된다. 丑월의 甲乙木 일간 사주에서 천간에 甲乙木이 있다면 亥子월과는 달리 기구신과 같은 강한 비겁성이 나타나지 않는다. 木은 용신인 火를 돕는 희신으로서 사주의 중화를 돕는 작용을 하기 때문이다. 亥子월도 그렇지만, 특히 丑월의 甲乙木은 화기를 얻지 못하면 위태롭다.

【3】寅월의 甲乙木 일간 : 억부(洩)+조후적용

"인월의 甲乙木일간 사주는
火土가 중화용신이다"

乾命

丁乙丙甲
亥酉寅辰

丙	庚	戊	戊
己	辛	丙	甲
丁		甲	壬

天干의 中和用神: 丙丁戊己
地支의 中和用神: 寅巳午未戌

교수

寅 월의 甲乙木은 봄은 봄이지만 아직은 추운 환경이므로 천간에서 丙丁火가 강한 甲乙木을 설기시키면서 조후로 도와주는 것이 좋다. 火로 설기되고 다시 土로 설기되어 그 힘을 빼주는 것이 좋으므로 土를 희신으로 삼는다. 水는 기신, 木은 구신이다.

지지 용신의 근은 寅巳午未戌이 되며, 한신은 金이다. 단, 지지가 모두 寅卯巳午未戌로 조열할 경우, 예외 없이 용신은 水이며 희신은 金이 된다. 만약에 천간에 火土가 있고, 지지 용신의 근이 있다면 식신생재의 구성을 기대할 수 있다.

【4】卯월의 甲乙木 일간 : 억부〔洩〕 우선적용

"묘월의 甲乙木일간 사주는
火土가 중화용신이다"

坤命

天干의 中和用神: 丙丁戊己
地支의 中和用神: 寅巳午未戌

이상성격으로 이혼

卯 월의 甲乙木은 태강하다. 당연히 화기로 설기한 후 다시, 土로 설기하는 것이 좋다. 사주의 천간에 丙丁 火나 戊己土가 있어서 중화를 도와주면서 지지에 뿌리가 있 으면 식신생재의 구성이 된다. 이렇게 강한 卯월의 甲乙木은 金으로는 제어가 불가능하다. 따라서 水는 기신, 木은 구신 그리고 金은 한신이 된다. 지지 용신의 근은 寅巳午未戌이 된다. 단, 지지가 모두 寅卯巳午未戌로 조열할 경우, 예외 없 이 용신은 水이며 희신은 金이 된다. 이에 비해 寅월의 甲乙 木일간 사주는 월지에 용신 오행인 戊土와 丙火가 암장되어 있다는 점에서 유리하다고 할 수 있다.

【5】辰월의 甲乙木 일간 : 조후 우선적용

"진월의 甲乙木일간 사주는
火木이 중화용신이다"

乾命

戊甲庚庚
辰戌辰戌

乙癸戊	辛丁戊	乙癸水	辛丁戊

天干의 中和用神: 丙丁乙
地支의 中和用神: 寅卯巳午未戌

교통사고사

辰 월의 甲乙木은 습한 土로 인해 강하지 않으면서도
식신(상관)인 화기를 찾게 된다. 조후가 우선하기 때
문에 일간오행인 木은 용신인 火를 돕는 희신이 되며, 水는
기신, 金은 구신 그리고 土는 한신이 된다. 지지 용신의 근은
寅卯巳午未戌이 된다.

위 명조의 경우, 천간에 투출된 구신 庚金으로 인해 甲木
일간이 극을 받는데다가, 지지 용신의 근인 두 술토가 진토로
부터 충을 받아 용신 오행인 丁火가 극을 받고 있다. 암장된
용신 오행인 丁火가 극을 받고 천간의 구신 편관 庚金이 일간
을 심하게 극하고 있는 사례이다.

"사오미월의 甲乙木일간 사주는
水金이 중화용신이다"

A   坤命

庚乙癸辛
辰未巳亥

乙癸戊	丁乙己	戊庚丙	戊甲壬

金 水
閑神
木
火 土

天干의 中和用神: 壬癸庚辛
地支의 中和用神: 亥子丑辰申酉

군지휘관

B   乾命

甲乙甲辛
申巳午卯

戊壬庚	戊庚丙	丙己丁	甲乙

金 水
閑神
木
火 土

天干의 中和用神: 壬癸庚辛
地支의 中和用神: 亥子丑辰申酉

사업실패 자살

C 坤命

壬甲癸庚
申辰未子

| 戊壬庚 | 乙癸戊 | 丁乙己 | 壬癸 |

金　水
閑神
木
火　土

天干의 中和用神: 壬癸庚辛
地支의 中和用神: 亥子丑辰申酉

아나운서

巳 午未월 화기가 강한 여름의 甲乙木은 壬癸水를 원하며, 壬癸水를 도와주는 희신 庚辛金이 있으면 좋다. 이때, 희신인 庚辛金은 일간을 극하지 않는다. 사주의 중화를 돕는 용신과 희신 오행은 타 오행을 극하지 않기 때문이다. 水金이 중화용신이므로 조후를 우선 적용한다. 土는 기신, 火는 구신 그리고 木은 한신이며, 지지 용신의 근은 亥子丑辰申酉가 된다. 巳午未월의 甲乙木 일간 사주가 천간에서 水金을 얻고 지지에 그 뿌리가 있으면 관인이 상생하는 구성이 된다. 모든 경우가 그렇듯이 만약, 용신인 수기가 사주에 없거나 미약하면 희신인 금기만으로는 사주의 중화가 어렵다.

B 명조가 이에 해당한다.

A. C 명조처럼 용신 오행인 수기와 이를 돕는 금기가 많다는 이유로, 그 오행의 작용력이 '강하다'라고 말하지 않는다. 용신과 희신에 해당하는 오행은 기신과 구신에 해당하는 오행에 비해 그 힘이 상대적으로 약하기 때문이다.

【7】申酉戌월의 甲乙木 일간 : 조후 우선적용

"신유술월의 甲乙木일간 사주는
火木이 중화용신이다"

A 坤命

辛乙庚戊
巳丑申戌

戊庚丙	癸辛己	戊壬庚	辛丁戊

天干의 中和用神 : 丙丁甲乙
地支의 中和用神 : 寅卯巳午未戌

비구니, 개인사찰주지

B 坤命

丁甲丁辛
卯寅酉酉

甲乙	戊丙甲	庚辛	庚辛

天干의 中和用神 : 丙丁甲乙
地支의 中和用神 : 寅卯巳午未戌

일류대 음대졸, 박사

C 乾命

丙甲甲己
寅子戌未

戊丙甲	壬癸	辛丁戌	丁乙己

天干의 中和用神: 丙丁甲乙
地支의 中和用神: 寅卯巳午未戌

木 火
閑神
土
金 水

일류대 졸업, 박사

申 戌戌월의 甲乙木은 사주가 강하지 않음에도 식신(상관)인 丙丁火를 필요로 한다. 木은 희신이 되며, 水는 기신, 金은 구신 그리고 土는 한신이 된다. 辰월과 유사한 개념으로 조습이라는 조후가 적용되기 때문이다. 유의할 것은 만약, 지지 오행 모두가 寅卯巳午未戌로 구성된다면, 戌월이라 하더라도 조열하게 되어 水金 오행이 용신과 희신이 된다는 점이다.

A 명조는 구신인 정관과 편관이 투출되어 있고, 지지에 용신의 근인 戌土와 巳火가 있으나, 천간에 용신인 丙丁火를 얻지 못하였다. 이에 비해 B 명조는 지지 용신의 근인 寅卯의 힘을 얻은 용신 丁火가 천간에 투출되어 상관이 아름다운 사주로 구성되었다. C 명조 또한 지지 용신의 근인 寅戌未의 힘을 얻은 丙火가 천간에 투출되어 식신이 아름다운 사주로 구성되었다. B, C 명조 모두 천간과 지지의 용신 오행이 극을 받지 않아 좋다.

2) 丙丁火 일간 8~13유형

【8】亥子丑월의 丙丁火 일간 : 억부(生助) 우선적용

**"해자축월의 丙丁火일간 사주는
木火가 중화용신이다"**

A 乾命

癸丙癸戊
巳申亥戌

戊庚丙	戊壬庚	戊甲壬	辛丁戊

天干의 中和用神: 甲乙丙丁
地支의 中和用神: 寅卯巳午未戌

무진대운에 병사

B 坤命

丙丁甲癸
午丑子酉

丙己丁	癸辛己	壬癸	庚辛

天干의 中和用神: 甲乙丙丁
地支의 中和用神: 寅卯巳午未戌

선천성 전신全身장애증

C 乾命

戊丁己庚
申亥丑申

戊	戊	癸	戊
壬	甲	辛	壬
庚	壬	己	庚

天干의 中和用神: 甲乙丙丁
地支의 中和用神: 寅卯巳午未戌

실직 후 무기력한 삶

亥 子丑월의 丙丁火는 인성인 甲乙木과 비겁인 丙丁火가 천간에 있고, 이들을 돕는 지지 용신의 근인 寅卯巳午未戌이 있으면 좋다. 金은 기신, 水는 구신 그리고 土는 한신이다.

위 A, C 명조는 사주 일간이 약해서 용신인 인성의 도움이 간절한 경우이지만, 용신에 해당하는 木이 천간과 지지에 전무하다.

그런데, B 명조는 인성인 정인 甲木과 겁재인 丙火가 있고, 지지 용신의 근인 午火가 있으나, 午火는 子월의 丑土 옆에 있어서 화기를 잃고 있고, 용신인 정인 甲木은 午火의 도움을 받지 못하고 구신인 편관 癸水로부터 원하지 않는 생을 받고 있는 점이 아쉽다.

그렇기 때문에, 亥子丑월의 약한 丙丁火 일간 사주는 반드시 인성인 甲乙木이 천간에 있고, 지지 용신의 근인 寅卯巳午未戌이 있어서 뿌리가 되어 주기를 바라게 된다.

"인월의 丙丁火일간 사주는
木火가 중화용신이다"

대기업 이사

寅 월의 丙丁火는 아직 추운 계절로, 월지 寅木에 인겁 인 甲木과 丙火가 암장되어 있다는 점에서 약하지 않으나 강하다고 보기 어렵다. 인성인 木이 용신이 되는 이유로 조후보다는 억부의 개념을 우선 적용하게 된다. 따라서 중화용신은 木火이며, 金은 기신, 水는 구신 그리고 土는 한신이다. 위 명조는 용신인 정인 甲木이 비견 丁火와 천간에 있고, 이들 용신의 근인 卯寅未가 지지에 있어서 중화가 되어 있다고 평가할 수 있다. 즉, 壬水와 丁火의 합이 절묘하다고 볼 수 있다. 만약, 지지가 모두 寅卯巳午未戌로 구성되어 있으면, 강하다고 보아 水가 용신 金이 희신이 된다.

【10】卯월의 丙丁火 일간 : 억부〔抑〕+조후적용

"묘월의 丙丁火일간 사주는
水金이 중화용신이다"

坤命

장학사

卯월의 丙丁火는 월지 인성 木의 힘을 받아 강하다. 일간이 火오행인 점을 고려한다면, 이를 다스리기 위해서는 억부와 조후를 잣대로 水가 용신, 金은 희신이 되며 土는 기신, 火는 구신 그리고 木은 한신이다.

여기서 주의할 점은, 월지에서 힘을 받을 것 같은 木이 한신이 되고, 卯월에 극을 받아 힘이 없을 것 같은 土가 오히려 오행의 작용력이 강한 기신이 된다는 것이다. 이는 체용의 원리로, 사주에서 희용신에 비해서 강한 오행의 작용력이 발생하는 것은 기신과 구신을 지칭한다는 점에 주목해야 한다.

【11】辰월의 丙丁火 일간 : 억부〔生助〕 우선적용

"진월의 丙丁火일간 사주는
木火가 중화용신이다"

乾命

癸丙戊己
巳寅辰丑

戊庚丙	戊丙甲	乙癸戊	癸辛己

天干의 中和用神: 甲乙丙丁
地支의 中和用神: 寅卯巳午未戌

갑신년 교통사고사

辰월의 丙丁火는 봄이지만, 습토로 丙丁火의 충분한 힘이 되어 주기 어렵다. 인성인 甲乙木이 용신, 비겁인 丙丁火가 희신이 되며, 金은 기신, 水는 구신 그리고 土는 한신이다. 지지 용신의 근인 寅卯巳午未戌이 있으면 좋다. 인겁인 木火가 용신이 되는 이유로 조후보다는 억부의 개념을 우선 적용하게 된다. 위 명조에서 습토인 辰土에서 힘을 얻은 구신인 정관 癸水가 있고, 한신인 식신(상관) 戊己土가 마주하고 있으나 이를 두고 상관견관이라 하지 않는다. 한신은 기구신을 극할 힘이 없기 때문이다.

【12】巳午未월의 丙丁火 일간 : 억부〔抑〕+조후적용

"사오미월의 丙丁火일간 사주는
水金이 중화용신이다"

A 乾命

庚丙辛庚
寅子巳申

戊丙甲	壬癸	戊庚丙	戊壬庚

天干의 中和用神: 壬癸庚辛
地支의 中和用神: 亥子丑辰申酉

한의사

B 坤命

丙丙庚甲
申戌午戌

戊壬庚	辛丁戊	丙己丁	辛丁戊

天干의 中和用神: 壬癸庚辛
地支의 中和用神: 亥子丑辰申酉

부친 단명

C 坤命

甲丙癸乙
午寅未卯

金　水
閑神　木
火　土

天干의 中和用神: 壬癸庚辛
地支의 中和用神: 亥子丑辰申酉

丙	戊	丁	甲
己	丙	乙	乙
丁	甲	己	

유흥업계 종사

巳 午未월의 丙丁火는 강하다. 마땅히 水金으로 丙丁火를 다스려야 한다. 천간에 용신인 壬癸水가 있고, 이를 돕는 희신 庚辛金이 있으면 좋다. 土는 기신, 火는 구신 그리고 木은 한신이다. 지지 용신의 근은 亥子丑辰申酉가 된다.

만약, 이러한 조건이 충족되면 재관상생의 구성을 기대할 수 있다. 위 A 명조는 천간에 수기가 없어서 아쉽지만 지지에 子水가 있어서 위안이 된다. 그러나 운에서 구신인 비겁 丙丁火를 만나면 희신 金이 극을 받아 불리하다.

B 명조는 용신인 수기가 미약하고 희신인 金이 극을 받고 있고, C 명조는 용신인 정관 癸水가 월간에 있으나 용신의 근인 亥子丑辰申酉가 전무하고, 한신인 정편인 甲乙木이 년·시간에서 용신의 힘을 앗아가고 있다. 따라서 B, C 명조는 중화되었다고 보기 어렵다. 용신과 희신 즉, 중화용신은 천간에 같이 있고 그 뿌리가 지지에 있으면 좋다.

【13】申酉戌의 丙丁火 일간 : 억부〔生助〕 우선적용

"신유술월의 丙丁火일간 사주는
木火가 중화용신이다"

A 坤命

丁丁丙丙
未未申午

天干의 中和用神:甲乙丙丁
地支의 中和用神:寅卯巳午未戌

유흥업에 종사, 재혼

B 乾命

乙丁辛戊
巳丑酉午

天干의 中和用神:甲乙丙丁
地支의 中和用神:寅卯巳午未戌

무자년 자살

C 乾命

丁丁甲甲
未酉戌寅

丁	庚	辛	戊
乙		丁	丙
己	辛	戊	甲

火 木
閑神
土
水 金

天干의 中和用神: 甲乙丙丁
地支의 中和用神: 寅卯巳午未戌

수의사

申 酉戌월의 丙丁火는 金기운으로 인해 그 힘이 빠져나가 인성인 甲乙木이 천간에 있으면 좋다. 金은 기신, 水는 구신 그리고 土는 한신이다. 지지 용신의 근은 寅卯巳午未戌이다.

위 A 명조는 未土에 암장된 乙木외에는 용신인 木이 없다. 비겁이 많아 강해보이지만 강하다고 보기 어렵다. B 명조는 용신인 편인 乙木이 기신인 편재 辛金에게 극받고 있다. 지지의 午火는 신금을 제制할 수 없다. C 명조는 관성인 수기가 사주 원국에 전무해서 조열하다고 볼 수도 있으나, 戌월의 酉金은 음기를 지닌 오행이므로 성급하게 판단해서는 안 된다.

만약, 지지 오행 모두가 寅卯巳午未戌로 구성되어 있다면, 천간에 수기가 있더라도, 지지가 조열하므로 용신은 水, 희신은 金이 된다는 점을 유의해야 한다. 위 C 명조에서 일지 酉金 대신 寅卯巳午未戌이 있다면 이러한 조건에 해당된다. C 명조는 용신인 정인 甲木이 아름다운 명조이다.

3) 戊己土 일간 14~19유형

【14】亥子丑월의 戊己土 일간 : 조후 우선적용

"해자축월의 戊己土일간 사주는
火木이 중화용신이다"

A 坤命

<u>丙</u>己癸戊

子丑亥申

壬	癸	戊	戊
	辛	甲	壬
癸	己	壬	庚

天干의 中和用神 : 丙丁甲乙
地支의 中和用神 : 寅卯巳午未戌

이혼 후 노점상

B 坤命

癸己**甲**戊

酉酉子**午**

庚	庚	壬	丙
辛	辛	癸	己
			丁

天干의 中和用神 : 丙丁甲乙
地支의 中和用神 : 寅卯巳午未戌

유부남의 자식을 몰래 출산한 미혼녀

C　坤命

癸己癸丁
酉卯丑未

庚辛	甲乙	癸辛己	丁己

天干의 中和用神: 丙丁乙
地支의 中和用神: 寅卯巳午未戌

극도로 피곤한 성격

亥　子丑월의 戊己土는 화기인 丙丁火가 천간에 있고 이를 돕는 甲乙木이 있으면 좋다. 水는 기신, 金은 구신 그리고 土는 한신이다. 지지 용신의 근은 寅卯巳午未戌이다. 위 A 명조는 시간에 용신인 정인 丙火가 있으나, 지지에 뿌리가 없다. B 명조는 년지에 용신인 午火가 있으나 子水에 의해 충을 받고 있으므로 희신인 정관 甲木이 월간에 있으나 무력하다. C 명조는 용신인 편인 丁火가 있어서 좋을 것 같으나, 기신인 편재 癸水로부터 극을 받고 있는데다, 지지 용신의 근인 卯木 · 未土가 각각 酉金과 丑土로부터 충을 받고 있기 때문에 천충지충19)이 되는 불리한 명조이다. 만약, 천간에 용신과 희신인 丙丁火와 甲乙木 양자를 갖추고, 지지 용신의 근인 寅卯巳午未戌이 있다면 관인상생의 구성이 된다.

---

19) 천충지충天沖支沖(=천극지충天剋支沖): 일반적으로 용신과 희신에 해당하는 오행이 천간과 지지에서 각각 극과 충을 받을 때를 이르는 말이다.

【15】寅월의 戊己土 일간 : 조후 우선적용

"인월의 戊己土일간 사주는
火木이 중화용신이다"

乾命

甲己庚丙
子未寅戌

壬　戊辛
丁　丙丁
乙　甲戊
癸　己

天干의 中和用神: 丙丁甲乙
地支의 中和用神: 寅卯巳午未戌

수천억대 자산가

寅 월의 戊己土는 아직 추운 이른 봄이다. 천간에 용신
인 丙丁火와 희신인 甲乙木이 있어서 火木상생을 하
면 좋다. 水는 기신, 金은 구신 그리고 土는 한신이다. 지지
용신의 근은 寅卯巳午未戌이다.

　위 명조는 구신인 상관 庚金이 희신인 정관 甲木을 극할 것
같이 보이지만, 용신인 정인 丙火가 이를 제制하고 있는데다
용신과 희신의 뿌리 즉, 용신의 근에 해당하는 未寅戌이 지지
에 있어서 좋다. 사주 여덟 글자가 서로 다툼이 없이 편안하
다. 그러나, 기신인 壬水를 만나면 불편할 수 있다. 만약, 구
신인 상관 庚金이 없다면 온전한 관인상생의 구성이 된다.

【16】卯월의 戊己土 일간 : 억부(生助) 우선적용

"묘월의 戊己土일간 사주는
火土가 중화용신이다"

坤命

乙己乙戊
亥亥卯申

戊 甲 壬	戊 甲 壬	甲 乙	戊 壬 庚

天干의 中和用神 : 丙丁己
地支의 中和用神 : 寅巳午未戌

무리한 교육사업으로 파산

卯 월의 戊己土는 관성이 강해 일간을 도와 줄 인겁인 丙丁火와 비겁인 戊己土가 천간에 있으면 좋다. 水는 기신, 木은 구신 그리고 金은 한신이다. 지지 용신의 근은 寅巳午未戌이다.

위 명조는 용신인 인성 화기가 전무한데, 희신인 戊土가 구신인 편관 乙木으로부터 반半 극을 받고 있어서 불리하다. 희신은 용신이 없으면 독립적인 중화작용이 어려울 수 있다.

만약, 卯월의 戊己土 일간 사주의 지지가 모두 寅卯巳午未戌로 구성되어 있다면 조열하다고 보아 水가 용신이며 金이 희신이 된다.

"진월의 戊己土일간 사주는
火木이 중화용신이다"

乾命

己戊甲丁
未申辰卯

丁乙戊 戊乙甲
乙壬己 己癸乙
己庚　 　戊　

天干의 中和用神 : 丙丁甲乙
地支의 中和用神 : 寅卯巳午未戌

판사

辰월의 습한 환경의 戊己土는 천간에 용신인 丙丁火와 이를 돕는 희신 甲乙木이 있으면 좋다. 水는 기신, 金은 구신 그리고 土는 한신이다. 지지 용신의 근은 寅卯巳午未戌이다. 만약 천간에 용신과 희신인 火木 오행이 있고 지지에 이들의 뿌리인 용신의 근이 있으면 관인상생의 구성이 된다. 위 명조는 이에 부합되는 관인상생격의 사주로 평가할 수 있다. 천간에 용신인 정인 丁火와 희신인 편관 甲木이 있는데다 지지에 그 뿌리인 未卯가 타 오행의 극충을 받지 않고 있기 때문이다. 재성인 수기가 다소 미약하지만, 오행이 서로 다투지 않는 중화된 명조로 평가 할 수 있다.

【18】巳午未월의 戊己土 일간 : 억부〔洩〕+조후적용

"사오미월의 戊己土일간 사주는
水金이 중화용신이다"

A   坤命

辛 戊 癸 丙
酉 寅 巳 辰

庚 辛	戊 丙	戊 庚 甲	乙 癸 戊

天干의 中和用神: 壬癸庚辛
地支의 中和用神: 亥子丑辰申酉

혼외정사로 자식 낳음

B   乾命

壬 己 庚 己
申 巳 午 丑

戊 壬 庚	戊 庚 丙	丙 己 丁	癸 辛 己

天干의 中和用神: 壬癸庚辛
地支의 中和用神: 亥子丑辰申酉

인색한 부자

C 乾命

己 己 癸 庚
巳 亥 未 申

戊	戊	丁	戊
庚	甲	乙	壬
丙	壬	己	庚

天干의 中和用神: 壬癸庚辛
地支의 中和用神: 亥子丑辰申酉

내과의사

巳 午未월 화기가 득세하는 시기의 戊己土는 천간에 용신인 재성 壬癸水와 이를 돕는 희신인 식신(상관)성 庚辛金이 있으면 중화에 이롭다. 土는 기신, 火는 구신 그리고 木은 한신이다. 지지 용신의 근은 亥子丑辰申酉이다. 위 A 명조는 용신인 정재 癸水와 희신인 상관 辛金이 천간에 있어서 좋을 것 같지만, 기신인 비견 戊土와 구신인 편인 丙火로부터 각각 합을 당하고 있다. 비록 지지에 용신의 근인 酉辰이 있으나 천간이 편안하지 않다. B 명조는 용신인 정재 壬水와 희신인 상관 庚金이 있어서 좋다. 비록, 비견 己土가 있다고 하나, 지지 용신의 근인 申丑이 있어서 위안이 된다. C 명조는 용신인 편재 壬水와 희신인 상관 庚金이 있어서 좋다. 비록, 비견 己土가 있다고 하나, 지지 용신의 근인 亥申이 있어서 위안이 된다. 위 A, B, C 명조 공히, 천간에 기구신에 해당하는 丙火와 己土가 없으면 식신생재의 구성이 성립된다.

"신유술월의 戊己土일간 사주는
火木이 중화용신이다"

A 坤命

甲己丙丙
戌酉申辰

辛丁戊	庚辛	戊壬庚	乙癸戊

天干의 中和用神: 丙丁甲乙
地支의 中和用神: 寅卯巳午未戌

한의사

B 坤命

乙己辛癸
亥酉酉丑

戊甲壬	庚辛	庚辛	癸辛己

天干의 中和用神: 丙丁甲乙
地支의 中和用神: 寅卯巳午未戌

유흥업 종사후 무속인

C 坤命

<u>乙己丙乙</u>
亥亥<u>戌巳</u>

戊 甲 壬	戊 甲 壬	辛 丁 戊	戊 庚 丙

天干의 中和用神: 丙丁乙
地支의 中和用神: 寅卯巳午未戌

헤드헌터

申 　酉戌월의 금기가 강한 환경의 戊己土는 천간에 용신
　　인 인성 丙丁火와 이를 돕는 희신인 관성 甲乙木이
있으면 좋다. 조후를 우선 적용해 중화용신을 결정한다. 火木
이 중화용신이기 때문이다. 水는 기신, 金은 구신 그리고 土
는 한신이다. 지지 용신의 근은 寅卯巳午未戌이다.

　위 A, C 명조는 용신인 정인 丙火와 희신인 관성 甲乙木이
火木상생하고 있다. 이에 비해 C 명조는 지지 용신의 근인 戌
土와 巳火가 동시에 충을 받지 않는 한 A 명조에 비해 상대적
으로 유리한 구성이라 평가할 수 있다. B 명조는 용신인 화기
가 없는 가운데 희신인 편관 乙木이 구신인 식신 辛金에게 극
받고 있어서 위태롭다. 이에 비해, A, C 명조는 火木이 상생
하는 관인상생격의 구성이라 할 수 있다.

　만약, 지지가 모두 寅卯巳午未戌로만 구성된다면 조열하
다고 보아, 水가 용신이 되고 金이 희신이 된다.

4) 庚辛金 일간 20~25유형

【20】亥子丑월의 庚辛金 일간 : 억부(抑)+조후적용

"해자축월의 庚辛金일간 사주는
火木이 중화용신이다"

A 乾命

공기업체 관리직

B 乾命

질병으로 고생

C 乾命

庚辛辛丙
寅卯丑午

戊丙甲	甲乙	癸辛己	丙己丁

군지휘관

木 火
閑神
土
金 水

天干의 中和用神: 丙丁甲乙
地支의 中和用神: 寅卯巳午未戌

亥 子丑월의 庚辛金은 천간에 용신인 관성 丙丁火와 이를 돕는 희신인 재성 甲乙木이 있으면 좋다. 水는 기신, 金은 구신 그리고 土는 한신이다. 지지 용신의 근은 寅卯巳午未戌이다. 위 A 명조는 이러한 조건에 부합되는 재관상생의 구성이라 평가할 수 있다. 다만, 지지 용신의 근인 寅木이 申金을 만나면 불리하다. 구신인 겁재 辛金은 용신인 정관 丁火가 제制해 주고 있어서 희신인 재성 乙木을 보호해 주고 있다. B 명조는 용신인 화기가 전무하다. 희신인 편재 乙木이 있지만, 子月의 木은 화기가 없으면 큰 소용이 없다. C 명조는 용신인 정관 丙火가 구신인 辛金으로부터 합을 당하고 있다. 그나마 다행인 것은 지지 용신의 근인 寅卯午가 비교적 발달되어 있다는 점이다. 그렇다 하더라도 천간에 희신인 甲乙木이 없는 것은 불리할 수 있다. 운에서 기신 壬水를 만나면 용신인 정관 丙火가 극을 피할 수 없기 때문이다.

【21】寅월의 庚辛金 일간 : 억부〔抑〕+조후적용

"인월의 庚辛金일간 사주는
火木이 중화용신이다"

乾命

丁庚壬壬
亥**寅寅寅**

| 戊
甲
壬 | 戊
丙
甲 | 戊
丙
甲 | 戊
丙
甲 |

天干의 中和用神 : 丙丁甲乙
地支의 中和用神 : 寅卯巳午未戌

유흥업

寅 월의 아직 추운 환경의 庚辛金은 용신인 관성 丙丁火와 이를 돕는 희신인 재성 甲乙木이 천간에 있어 주면 좋다. 水는 기신, 金은 구신 그리고 土는 한신이다. 지지 용신의 근은 寅卯巳午未戌이다. 만약, 천간에 火木이 상생하고 지지에 용신의 근인 寅卯巳午未戌을 갖추었다면, 재관상생의 구성이 성립되었다고 볼 수 있다. 위 명조는 용신인 정관 丁火가 그 뿌리인 寅木을 얻었지만, 기신인 식신 壬水로부터 합을 당하고 있다. 만약, 운에서 寅木이 申金을 만나면 그 뿌리가 손상되어 매우 불리하다.

【22】 卯월의 庚辛金 일간 : 억부(生助) 우선적용

"묘월의 庚辛金일간 사주는
土金이 중화용신이다"

乾命

乙辛丁己
未亥卯丑

| 丁乙己 | 戊甲壬 | 甲乙 | 癸辛己 |

天干의 中和用神 : 戊己庚辛
地支의 中和用神 : 申酉辰戌丑未

불륜 남녀의 자식으로 출생 후 입양

卯월의 庚辛金은 강한 재성인 목기로 인해 인겁 즉, 인성과 비겁의 도움이 급하다. 천간의 戊己土와 庚辛金이 이에 해당한다. 木은 기신, 火는 구신 그리고 水는 한신이다. 위 명조는 기신인 편재 乙木이 己土를 극하고 구신인 편관 丁火가 천간에서 일간을 힘들게 하고 있다. 未土와 丑土는 體로는 용신의 근이 될 수 있으나, 습토인 丑土는 수기를 암장하고 있고, 조토인 未土는 화기를 암장하고 있으므로 실질적인 근이 되기는 어렵다. 만약, 지지에 용신의 근인 申金과 酉金이 있으면 허약한 일간을 돕는 뿌리가 될 수 있다.

【23】辰월의 庚辛金 일간 : 조후 우선적용

"진월의 庚辛金일간 사주는
火木이 중화용신이다"

乾命

丙辛**甲**壬
申**卯**辰子

戊甲乙壬
壬乙癸癸
庚乙戊癸

天干의 中和用神:丙丁甲乙
地支의 中和用神:寅卯巳午未戌

사채업자

辰 월의 습한 환경의 庚辛金은 천간에서 용신인 관성 丙丁火와, 이를 돕는 희신인 재성 甲乙木이 있으면 좋다. 火木이 중화용신이므로 조후를 우선 적용한다. 水는 기신, 金은 구신 그리고 土는 한신이다. 지지 용신의 근은 寅卯巳午未戌이다. 만약, 천간에 火木이 상생하고, 지지에 용신의 근인 寅卯巳午未戌이 발달되어 있다면 재관상생의 구성이 된다. 위 명조는 용신인 정관 丙火가 辛金과 합을 하고 있는데 희신인 정재 甲木이 이를 돕고 있지만, 기신인 상관 壬水가 용신인 정관 丙火를 마주하고 있다. 운에서 庚金을 만나면 용신 丙火와 희신 甲木이 동시에 극을 받을 수 있다.

【24】 巳午未월의 庚辛金 일간 : 조후 우선적용

"사오미월의 庚辛金일간 사주는
水金이 중화용신이다"

A 乾命

戊庚乙丁
寅申巳卯

戊丙甲	戊壬庚	戊庚丙	甲乙

天干의 中和用神: 壬癸庚辛
地支의 中和用神: 亥子丑辰申酉

두문불출 대인기피, 부모원망

B 乾命

乙辛戊癸
未丑午巳

丁乙己	癸辛己	丙己丁	戊庚丙

天干의 中和用神: 壬癸庚辛
地支의 中和用神: 亥子丑辰申酉

벙어리, 노숙자

C 乾命

丁辛己**癸**
酉酉未卯

庚辛	庚辛	丁乙己	甲乙

天干의 中和用神: 壬癸庚辛
地支의 中和用神: 亥子丑辰申酉

공무원, 피곤한 성격, 이혼

巳 午未월 화기가 강한 환경의 庚辛金은 천간에 식신 (상관)인 壬癸水와 이를 돕는 희신인 비겁 庚辛金이 있으면 좋다. 土는 기신, 火는 구신 그리고 木은 한신이다. 지지 용신의 근은 亥子丑辰申酉이다. 조후를 우선 적용해서 水金이 중화용신이다. 위 A 명조는 천간이 기구신과 한신으로 구성되어 있고 용신 오행인 수기가 申中 壬水외에는 전무하다. 여름의 庚金이 수기가 없어서 불리한 경우이다. B 명조는 용신인 상관 癸水가, 기신인 戊土에 의해 합이 되고 있는데다 한신인 편재 乙木이 용신을 무력하게 하고 있다. 午월의 未土 사이에 있는, 지지 용신의 근인 丑土는 뿌리가 되기에는 충을 받아 허약하다. C 명조는 비록, 지지 용신의 근인 酉金이 있지만, 천간의 용신 오행인 식신 癸水가 기신인 己土에 의해 극받고 있는데다 구신인 편관 丁火가 가세하고 있어서 불리하다.

【25】 申酉戌월의 庚辛金 일간 : 억부(抑)+조후적용

"신유술월의 庚辛金일간 사주는
火木이 중화용신이다"

A　乾命

<u>丙</u>辛戊壬
申亥申午

戊 壬 庚	戊 甲 壬	戊 壬 庚	丙 己 丁

天干의 中和用神:丙丁甲乙
地支의 中和用神:寅卯巳午未戌

고물상

B　乾命

<u>丁</u>辛<u>丁</u>辛
酉亥酉亥

庚 辛	戊 甲 壬	庚 辛	戊 甲 壬

天干의 中和用神:丙丁甲乙
地支의 中和用神:寅卯巳午未戌

공학박사

C 乾命

丁庚丙乙
亥午戌未

| 戊
甲
壬 | 丙
己
丁 | 辛
丁
戊 | 丁
乙
己 |

天干의 中和用神: 丙丁甲乙
地支의 中和用神: 寅卯巳午未戌

세무사

申 酉戌월 금기가 강한 환경의 庚辛金은 천간에 용신인 관성 丙丁火와 이를 돕는 희신인 재성 甲乙木이 있으면 좋다. 水는 기신, 金은 구신 그리고 土는 한신이다. 지지 용신의 근은 寅卯巳午未戌이다. 만약, 천간에 火木이 상생하고 지지에 용신의 근인 寅卯巳午未戌을 얻으면 재관상생의 구성이 된다. 그러나, 지지 모두가 寅卯巳午未戌로만 구성된다면 조열하다고 보아 水가 용신, 金이 희신이 된다.

위 A 명조는 용신인 정관 丙火가 일간과 합이 되어 있고 기신인 상관 壬水로부터 극을 당하고 있는데, 한신인 정인 戊土는 壬水를 제制할 힘이 부족하다. B 명조는 용신인 편관 丁火는 아름다우나 희신 목기가 전무한 점이 아쉽다. 이에 비해, C 명조는 천간에 관성과 재성인 火木이 상생하고 지지에 용신의 근인 午戌未를 얻으니 재관상생의 구성을 갖춘 명조로 평가할 수 있다.

5) 壬癸水 일간 26~30유형

【26】亥子丑월의 壬癸水 일간 : 억부〔洩〕+조후적용

"해자축월의 壬癸水일간 사주는
火木이 중화용신이다"

A 乾命

丁癸丁庚
<u>巳巳</u>亥申

戊庚丙	戊庚丙	戊甲丙	戊壬庚

天干의 中和用神: 丙甲乙
地支의 中和用神: 寅卯巳午未戌

판사

B 乾命

壬癸壬壬
子酉子子

壬癸	庚辛	壬癸	壬癸

天干의 中和用神: 丙丁甲乙
地支의 中和用神: 寅卯巳午未戌

무속인

C 乾命

辛癸己乙
酉巳丑巳

庚	戊	癸	戊
	庚	辛	庚
辛	丙	己	丙

天干의 中和用神: 丙丁甲乙
地支의 中和用神: 寅卯巳午未戌

의사, 경영부진 자살

亥 子丑月의 壬癸水는 천간에 용신인 재성 丙丁火와 이를 돕는 희신인 식신(상관)성 甲乙木이 있으면 좋다. 水는 기신, 金은 구신 그리고 土는 한신이다. 지지 용신의 근은 寅卯巳午未戌이다.만약, 천간에 재성과 식신(상관)인 火木이 상생하고 지지에 용신의 근인 寅卯巳午未戌이 있으면 식신생재의 구성을 갖춘 명조가 된다.

A 명조는 용신인 편재 丁火는 아름다우나 희신인 목기가 전무한 점이 불리하다. 편재 丁火의 이성적 심리작용으로 인한 지나친 완벽함이 자신과 타인을 피곤하게 할 수 있는 명조로 평가할 수 있다.

B 명조는 용신과 희신에 해당하는 오행 모두가 전무하다. 비세속적인 삶에서 가치를 구할 수 있는 명조라 할 수 있다.

C 명조는 희신인 식신 乙木은 있으나, 구신인 편인 辛金에 의해 극받고 있는데다 용신인 화기가 미약한 점이 불리하다.

【27】寅卯月의 壬癸水 일간 : 억부〔生助〕 우선적용

"인묘월의 壬癸水일간 사주는
金水가 중화용신이다"

A 坤命

壬壬庚辛
寅戌寅亥

戊丙甲	辛丁戊	戊丙甲	戊甲壬

天干의 中和用神: 庚辛壬癸
地支의 中和用神: 亥子丑辰申酉

독신, 출가 고려

B 乾命

戊癸乙癸
午亥卯卯

丙己丁	戊甲壬	甲乙	甲乙

天干의 中和用神: 庚辛壬癸
地支의 中和用神: 亥子丑辰申酉

극심한 정신적 문제

寅 卯月의 壬癸水는, 寅월의 경우 관성 戊土, 재성 丙火, 식신(상관) 甲乙木으로 인해 그 힘을 잃고 있다. 卯월의 경우도 식신(상관) 甲乙木으로 인해 그 힘을 잃고 있다. 따라서 억부를 우선 적용해 인성 庚辛金과 희신인 壬癸水가 중화용신으로 천간에 있으면 좋다. 火는 기신, 土는 구신 그리고 木은 한신이 된다.

특히, 한신 木은 기신이나 구신과 마찬가지로 사주의 중화에 반하는 작용을 한다. 희신인 수기를 앗아가기 때문이다. 지지 용신의 근은 亥子丑辰申酉이다. 만약, 사주 천간에 용신에 해당하는 인성 庚辛金이 기구신의 방해를 받지 않고 있다면, 인성이 아름다운 명조가 될 수 있다.

위 A 명조가 이에 해당한다. 그러나 A 명조는 천간은 인성과 비겁 즉, 용신과 희신으로 구성되어 있지만, 지지 용신의 근에 해당하는 오행은 亥水가 유일하다.

B 명조는 용신인 인성이 전무하다. 비견 癸水가 일점 지지 亥水에 뿌리를 두고 있으나, 한신 卯木과 합이 되어 용신의 근이 되기는 어렵다. 더욱 불리한 것은 기신인 정관 戊土가 희신인 비견 癸水를 합거合去하고 있다는 점이다.

이때, 한신인 식신 乙木은 일간의 힘을 빼앗아 감은 물론, 戊土를 제制할 수 없다. 木은 희용신 또는 기신이나 구신을 극할 물리적 힘이 없는 한신이기 때문이다. B 명조의 정신적인 부조화는 이러한 데서 원인을 찾을 수 있다.

【28】辰월의 壬癸水 일간 : 억부(洩)+조후적용

"진월의 壬癸水일간 사주는
火木이 중화용신이다"

乾命

癸癸甲壬
丑未辰子

| 癸辛己 | 丁乙己 | 乙癸戊 | 壬癸 |

天干의 中和用神: 丙丁乙
地支의 中和用神: 寅卯午未戌

가난한 독신 목수

辰月의 壬癸水는 수기를 암장하고 있는 습토이므로 그 힘을 얻고 있다. 천간에 용신인 재성 丙丁火와 희신인 식신(상관)성 甲乙木이 있으면 좋다. 水는 기신, 金은 구신 그리고 土는 한신이다. 지지 용신의 근은 寅卯巳午未戌이다.

만약, 천간에 재성과 식신(상관)인 火木이 상생하고 이들 용신의 근인 寅卯巳午未戌이 발달되어 있다면 식신생재의 구성을 갖춘 명조가 된다. 위 명조는 천간의 희신인 상관 甲木이 있으나, 壬癸水로부터 원하지 않는 생을 받고 있고, 지지 용신의 근인 未土가 충을 받고 있어서 불리하다.

【29】 巳午未月의 壬癸水 일간 : 억부〔生助〕우선적용

"사오미월의 壬癸水일간 사주는
金水가 중화용신이다"

A 乾命

乙癸丁戊
卯丑巳戌

甲乙	癸辛乙	戊庚丙	辛丁戊

天干의 中和用神: 庚辛壬癸
地支의 中和用神: 亥子丑辰申酉

처로 인한 스트레스로 가출

B 乾命

己癸甲丙
未酉午戌

丁乙己	庚辛	丙己丁	辛丁戊

天干의 中和用神: 庚辛壬癸
地支의 中和用神: 亥子丑辰申酉

출생 다음날 뇌출혈로 사망

C　坤命

癸癸己戊
丑未未午

癸	丁	丁	丙
辛	乙	乙	己
己	己	己	丁

水　金
閑神
　木
　土　火

天干의 中和用神: 庚辛壬癸
地支의 中和用神: 亥子丑辰申酉

동거남의 변태적 성요구로 고통

巳 午未月의 壬癸水는 천간에 용신인 인성 庚辛金과 희신인 비겁 壬癸水가 있으면 좋다. 火는 기신, 土는 구신 그리고 木은 한신이다. 지지 용신의 근은 亥子丑辰申酉이다. 위 A 명조는 일지 丑土에 의존하고 있는 일간 癸水가 구신인 정관 戊土로 인해 합거되고 있는데, 기신인 편재 丁火마저도 구신인 戊土에게 힘을 보태고 있다. 심지어 한신인 식신 乙木도 일간 癸水의 힘을 앗아 가고 있어 매우 불리하다.

B 명조는 기신인 정재 丙火와 한신인 상관 甲木이 일간을 무력하게 하고 있어서 지지 용신의 근인 酉金의 생도 큰 도움이 되지 않는다.

C 명조는 癸水가 시지 丑土에 뿌리를 내리고 있지만 충을 받아 무력하다. 더욱 불리한 것은 구신인 정편관 戊己土가 천간에 양립해서 일간을 극하고 합거하고 있다는 점이다. 구신인 정편관으로부터 회피할 수 있는 최소한의 힘이 없다.

"신유술월의 壬癸水일간 사주는
火木이 중화용신이다"

A 坤命

己壬壬甲
酉辰申辰

| 庚辛 | 乙癸戊 | 戊壬庚 | 乙癸戊 |

木 火
閑神
金 土
水

天干의 中和用神: 丙丁甲乙
地支의 中和用神: 寅卯巳午未戌

무속인

B 乾命

丁癸丁辛
巳丑酉亥

| 戊庚丙 | 癸辛己 | 庚辛 | 戊甲壬 |

木 火
閑神
金 土
水

天干의 中和用神: 丙丁甲乙
地支의 中和用神: 寅卯巳午未戌

전투기 조종사

C 坤命

丙壬庚<u>丁</u>
午申<u>戌未</u>

丙	戊	辛	丁
己	壬	丁	乙
丁	庚	戊	己

天干의 中和用神: 丙丁甲乙
地支의 中和用神: 寅卯巳午未戌

치과의사

申 酉戌월의 壬癸水는 천간에 용신인 재성 丙丁火와 희신인 식신(상관)성 甲乙木이 있으면 좋다. 水는 기신, 金은 구신 그리고 土는 한신이다. 지지 용신의 근은 寅卯巳午未戌이다. 만약, 천간에 식신(상관)과 재성인 木火가 상생하고 지지 용신의 근인 寅卯巳午未戌이 발달해 있으면 식신생재의 구성을 갖춘 명조가 된다. 그러나 지지 모두가 寅卯巳午未戌로만 구성되면 인성인 金이 용신, 水가 희신이 된다. 위 A 명조는 용신인 화기가 전무한데 희신인 식신 甲木이 壬水로부터 원하지 않는 생을 받고 있어서 불편하다.

B 명조는 희신인 목기가 없는 가운데 용신의 근은 미약하지만 천간의 용신인 편재 丁火는 아름답다. C 명조 역시 대동소이하나 지지 용신의 근이 B 명조에 비해 다소 안정적이라고 평가 할 수 있다. 그러나, B, C 명조 공히 운에서 수기를 만나면 용신이 극을 받아 불리할 수 있다.

3절

용신도출의 예외적 적용

1) 인월寅月의 경우

인월의 甲乙木일간 사주

乾命

丁甲壬壬
卯戌寅寅

| 甲乙 | 辛丁戊 | 戊丙甲 | 戊丙甲 |

天干의 中和用神: 壬癸庚辛
地支의 中和用神: 亥子丑辰申酉

동거녀에게 피살

寅 월의 甲乙木일간 사주는【계절별 30유형의 중화용
신표】에 의하면, 火土가 중화용신이다. 즉, 천간에는
丙丁戊己가, 그리고 지지에는 寅巳午未戌이 용신의 근이 된
다. 그러나, 위 명조는 寅월의 甲木임에도 지지오행이 卯戌
寅寅만으로 구성되어 조열하다. 이러한 경우는 水가 용신, 金
이 희신이 된다. 비록, 천간에 용신에 해당하는 두 壬水가 있
지만 지지에 이를 돕는 용신의 근이 전무하다는 점에서 불리
하다. 만약 희신인 庚辛金이 용신인 壬癸水를 도와주더라도
이들 용신의 근이 지지에 없다는 한계가 있다.

인월의 丙丁火일간 사주

乾命

丙丁丙己
午未寅未

丙	丁	戊	丁
己	乙	丙	乙
丁	己	甲	己

天干의 中和用神: 壬癸庚辛
地支의 中和用神: 亥子丑辰申酉

아버지에게 폭행, 폭언하는 아들

寅 월의 丙丁火일간 사주는【계절별 30유형의 중화용신표】에 의하면, 木火가 중화용신이다. 즉, 천간에는 甲乙丙丁이, 그리고 지지에는 寅卯巳午未戌이 용신의 근이 된다. 그러나, 위 명조는 寅월의 丁火임에도 지지오행이 午未寅未만으로 구성되어 丁火일간은 힘을 얻었다고 볼 수 있다. 이러한 경우는 水가 용신, 金이 희신이 된다. 천간에 용신에 해당하는 水金이 있으면 그나마 다행이겠지만, 지지에 이를 돕는 용신의 근인 亥子丑辰申酉가 전무하다는 점에서 불리하다. 만약 천간에 용신인 壬癸水가 있다하더라도 기신인 戊己土나 구신인 丙丁火와 마주한다면 극을 피할 수 없으며, 희신인 庚辛金이 용신인 壬癸水를 도와주더라도 이들 용신의 근이 지지에 없다는 한계가 있다.

인월의 戊己土일간 사주

乾命

甲戊壬丁
寅午寅未

| 戊丙甲 | 丙己丁 | 戊丙甲 | 丁乙己 |

金　水

火　土

閑神
木

天干의 中和用神: 壬癸庚辛
地支의 中和用神: 亥子丑辰申酉

비리로 파면된 경찰

寅월의 戊己土일간 사주는【계절별 30유형의 중화용신표】에 의하면, 火木이 중화용신이다. 즉, 천간에는 丙丁甲乙이, 그리고 지지에는 寅卯巳午未戌이 용신의 근이 된다. 그러나, 위 명조는 寅월의 戊土임에도 지지오행이 寅午寅未만으로 구성되어 조열하다.

이러한 경우는 水가 용신, 金이 희신이 된다. 천간에 용신에 해당하는 水金이 있으면 그나마 다행이겠지만, 지지에 이를 돕는 용신의 근인 亥子丑辰申酉가 전무하다는 점에서 불리하다. 만약 천간에 용신인 壬癸水가 있다하더라도 기신인 戊己土나 구신인 丙丁火와 마주한다면 극을 피할 수 없으며, 희신인 庚辛金이 용신인 壬癸水를 도와주더라도 이들 용신의 근이 지지에 없다는 한계가 있다.

인월의 庚辛金일간 사주

乾命

乙辛壬壬
未卯寅寅

丁甲戊戊
乙乙丙丙
己乙甲甲

天干의 中和用神: 壬癸庚辛
地支의 中和用神: 亥子丑辰申酉

외도, 도박, 재산탕진, 이혼

寅 월의 庚辛金일간 사주는 【계절별 30유형의 중화용신표】에 의하면, 火木이 중화용신이다. 즉, 천간에는 丙丁甲乙이, 그리고 지지에는 寅卯巳午未戌이 용신의 근이 된다. 그러나, 위 명조는 寅월의 辛金임에도 지지오행이 未卯寅寅만으로 구성되어 조열하다.

이러한 경우는 水가 용신, 金이 희신이 된다. 천간에 용신에 해당하는 水金이 있으면 그나마 다행이겠지만, 지지에 이를 돕는 용신의 근인 亥子丑辰申酉가 전무하다는 점에서 불리하다. 만약 천간에 용신인 壬癸水가 있다하더라도 기신인 戊己土나 구신인 丙丁火와 마주한다면 극을 피할 수 없으며, 희신인 庚辛金이 용신인 壬癸水를 도와주더라도 이들 용신의 근이 지지에 없다는 한계가 있다.

2) 묘월卯月의 경우

묘월의 甲乙木일간 사주

건강과 경제적 고통

卯 월의 甲乙木일간 사주는【계절별 30유형의 중화용신표】에 의하면, 火土가 중화용신이다. 즉, 천간에는 丙丁戊己가, 그리고 지지에는 寅巳午未戌이 용신의 근이 된다. 그러나, 위 명조는 卯월의 乙木임에도 지지오행이 午未卯未만으로 구성되어 조열하다. 이러한 경우는 水가 용신, 金이 희신이 된다. 천간에 용신에 해당하는 水金이 있으면 그나마 다행이겠지만, 지지에 이를 돕는 용신의 근인 亥子丑辰申酉가 전무하다는 점에서 불리하다. 만약 천간에 용신인 壬癸水가 있다하더라도 기신인 戊己土나 구신인 丙丁火와 마주한다면 극을 피할 수 없으며, 희신인 庚辛金이 용신인 壬癸水를 도와주더라도 용신의 근이 지지에 없다는 한계가 있다.

묘월의 戊己土일간 사주

乾命

甲戊己乙
寅寅卯未

| 戊丙甲 | 戊丙甲 | 甲乙 | 丁乙己 |

金 水
閑神木
火 土

天干의 中和用神: 壬癸庚辛
地支의 中和用神: 亥子丑辰申酉

아내 가출 후 병술년 병사

卯 월의 戊己土일간 사주는 【계절별 30유형의 중화용
신표】에 의하면, 火土가 중화용신이다. 즉, 천간에는
丙丁戊己가, 그리고 지지에는 寅巳午未戌이 용신의 근이 된
다. 그러나, 위 명조는 卯월의 戊土임도 지지오행이 寅寅
卯未만으로 구성되어 조열하다.

이러한 경우는 水가 용신, 金이 희신이 된다. 천간에 용신
에 해당하는 水金이 있으면 그나마 다행이겠지만, 지지에 이
를 돕는 용신의 근인 亥子丑辰申酉가 전무하다는 점에서 불
리하다. 만약 천간에 용신인 壬癸水가 있다하더라도 기신인
戊己土나 구신인 丙丁火와 마주한다면 극을 피할 수 없으며,
희신인 庚辛金이 용신인 壬癸水를 도와주더라도 이들 용신
의 근이 지지에 없다는 한계가 있다.

묘월의 庚辛金일간 사주

坤命

庚辛丁甲
寅未卯寅

戊　丁　甲　戊
丙　乙　乙　丙
甲　己　　　甲

天干의 中和用神: 壬癸庚辛
地支의 中和用神: 亥子丑辰申酉

우울증으로 경인년 자살

卯 월의 庚辛金일간 사주는【계절별 30유형의 중화용신표】에 의하면, 土金이 중화용신이다. 즉, 천간에는 戊己庚辛이, 그리고 지지에는 申酉(辰戌丑未)가 용신의 근이 된다. 그러나, 위 명조는 卯월의 辛金임에도 지지오행이 寅未卯寅만으로 구성되어 조열하다. 이러한 경우는 水가 용신, 金이 희신이 된다. 천간에 용신에 해당하는 水金이 있으면 그나마 다행이겠지만, 지지에 이를 돕는 용신의 근인 亥子丑辰申酉가 전무하다는 점에서 불리하다. 만약 천간에 용신인 壬癸水가 있다하더라도 기신인 戊己土나 구신인 丙丁火와 마주한다면 극을 피할 수 없으며, 희신인 庚辛金이 용신인 壬癸水를 도와주더라도 이들 용신의 근이 지지에 없다는 한계가 있다.

3) 술월戌月의 경우

술월의 甲乙木일간 사주

乾命

戊乙**壬癸**

寅巳戌卯

폭행, 절도로 복역

戌 월의 甲乙木일간 사주는【계절별 30유형의 중화용 신표】에 의하면, 火木이 중화용신이다. 즉, 천간에는 丙丁甲乙이, 그리고 지지에는 寅卯巳午未戌이 용신의 근이 된다. 그러나, 위 명조는 戌월의 乙木임에도 지지오행이 寅 巳戌卯만으로 구성되어 조열하다. 이러한 경우는 水가 용신, 金이 희신이 된다. 천간에 용신에 해당하는 水金이 있으면 그 나마 다행이겠지만, 지지에 이를 돕는 용신의 근인 亥子丑辰 申酉가 전무하다는 점에서 불리하다. 만약 운에서 기신인 戊 己土나 구신인 丙丁火를 만나면 천간의 용신인 壬癸水는 극 을 피할 수 없으며, 희신인 庚辛金이 도와주더라도 이들 용신 의 근이 지지에 없다는 한계가 있다.

술월의 丙丁火일간 사주

坤命

戊丙壬戊
戌戌戌戌

辛丁戌　辛丁戌　辛丁戌　辛丁戌

天干의 中和用神: 壬癸庚辛
地支의 中和用神: 亥子丑辰申酉

단명한 분의 사주

戌 월의 丙丁火일간 사주는【계절별 30유형의 중화용신표】에 의하면, 木火가 중화용신이다. 즉, 천간에는 甲乙丙丁이, 그리고 지지에는 寅卯巳午未戌이 용신의 근이 된다. 그러나, 위 명조는 戌월의 丙火임에도 지지오행이 戌戌戌戌만으로 구성되어 조열하고 丙火일간은 힘을 얻었다고 볼 수 있다. 이러한 경우는 水가 용신, 金이 희신이 된다. 천간에 용신에 해당하는 水金이 있으면 그나마 다행이겠지만, 지지에 이를 돕는 용신의 근인 亥子丑辰申酉가 전무하다는 점에서 불리하다. 만약 운에서 기신인 戊己土나 구신인 丙丁火를 만나면 천간의 용신인 壬癸水는 극을 피할 수 없으며, 희신인 庚辛金이 도와주더라도 이들 용신의 근이 지지에 없다는 한계가 있다.

술월의 戊己土일간 사주

坤命

丁己戊丙
卯未戌午

天干의 中和用神: 壬癸庚辛
地支의 中和用神: 亥子丑辰申酉

|甲乙|丁乙己|辛丁戊|丙己丁|

이혼 후, 문란한 삶

戌 월의 戊己土일간 사주는【계절별 30유형의 중화용신표】에 의하면, 火木이 중화용신이다. 즉, 천간에는 丙丁甲乙이, 그리고 지지에는 寅卯巳午未戌이 용신의 근이 된다. 그러나, 위 명조는 戌월의 己土임에도 지지오행이 卯未戌午만으로 구성되어 조열하다.

이러한 경우는 水가 용신, 金이 희신이 된다. 천간에 용신에 해당하는 水金이 있으면 그나마 다행이겠지만, 지지에 이를 돕는 용신의 근인 亥子丑辰申酉가 전무하다는 점에서 불리하다. 만약 천간에 용신인 壬癸水가 있다하더라도 기신인 戊己土나 구신인 丙丁火와 마주한다면 극을 피할 수 없으며, 희신인 庚辛金이 용신인 壬癸水를 도와주더라도 이들 용신의 근이 지지에 없다는 한계가 있다.

술월의 庚辛金일간 사주

乾命

己庚壬癸
卯戌戌卯

| 甲乙 | 辛丁戊 | 辛丁戊 | 甲乙 |

金　水
閑神
火　土
木

天干의 中和用神: 壬癸庚辛
地支의 中和用神: 亥子丑辰申酉

실직 후 이혼, 경제적 고통

戌 월의 庚辛金일간 사주는【계절별 30유형의 중화용
신표】에 의하면, 火木이 중화용신이다. 즉, 천간에는
丙丁甲乙이, 그리고 지지에는 寅卯巳午未戌이 용신의 근이
된다. 그러나, 위 명조는 戌월의 庚金임에도 지지오행이 卯
戌戌卯만으로 구성되어 조열하다.

　이러한 경우는 水가 용신, 金이 희신이 된다. 천간에 용신
에 해당하는 水金이 있으면 그나마 다행이겠지만, 지지에 이
를 돕는 용신의 근인 亥子丑辰申酉가 전무하다는 점에서 불
리하다. 만약 운에서 기신인 戊己土나 구신인 丙丁火를 만나
면 천간의 용신인 壬癸水는 극을 피할 수 없으며, 희신인 庚
辛金이 도와주더라도 이들 용신의 근이 지지에 없다는 한계
가 있다.

술월의 壬癸水일간 사주

乾命

戊癸庚丁
午未戌巳

丙	丁	辛	戊
己	乙	丁	庚
丁	己	戊	丙

天干의 中和用神: 庚辛壬癸
地支의 中和用神: 亥子丑辰申酉

당뇨악화, 아내의 이혼요구

戌 월의 壬癸水일간 사주는 【계절별 30유형의 중화용신표】에 의하면, 火木이 중화용신이다. 즉, 천간에는 丙丁甲乙이, 그리고 지지에는 寅卯巳午未戌이 용신의 근이 된다. 그러나, 위 명조는 戌월의 癸水임에도 지지오행이 午未戌巳만으로 구성되어 조열하다. 그러므로 癸水일간은 힘을 얻었다고 볼 수 없다.

이러한 경우는 인성인 金이 용신, 비겁인 水가 희신이 된다. 천간에 용신에 해당하는 金水가 있으면 그나마 다행이겠지만, 지지에 이를 돕는 용신의 근인 亥子丑辰申酉가 전무하다는 점에서 불리하다. 만약 천간에 용신인 庚辛金이 있다하더라도 기신인 丙丁火와 마주한다면 극을 피할 수 없으며, 희신인 壬癸水가 용신인 庚辛金을 도와주더라도 이들 용신의 근이 지지에 없다는 한계가 있다.

제 5 장

중화된 사주

【중화된 사주(관인상생격 · 재관상생격 · 식신생재격)】20)

日干 / 3格	甲·乙 日干	丙·丁 日干	戊·己 日干	庚·辛 日干	壬·癸 日干
官印相生格	官 ⇌ 印 (金⇌水 相生) 庚 ⇌ 壬 辛 ⇌ 癸 庚 ⇌ 癸 辛 ⇌ 壬 巳·午·未月 (中和用神:水·金)	成立不可	官 ⇌ 印 (木⇌火 相生) 甲 ⇌ 丙 乙 ⇌ 丁 甲 ⇌ 丁 乙 ⇌ 丙 寅·辰·申·酉·戌亥·子·丑月 (中和用神:火·木)	成立不可	成立不可
財官相生格	成立不可	財 ⇌ 官 (金⇌水 相生) 庚 ⇌ 壬 辛 ⇌ 癸 庚 ⇌ 癸 辛 ⇌ 壬 卯·巳·午·未月 (中和用神:水·金)	成立不可	財 ⇌ 官 (木⇌火 相生) 甲 ⇌ 丙 乙 ⇌ 丁 甲 ⇌ 丁 乙 ⇌ 丙 寅·辰·申·酉·戌亥·子·丑月 (中和用神:火·木)	成立不可
食(傷)神生財格	食·傷 ⇌ 財 (火⇌土 有情 *) 丙 ⇌ 戊 丁 ⇌ 己 丙 ⇌ 己 丁 ⇌ 戊 寅·卯·亥·子月 (中和用神:火·土)	成立不可	食·傷 ⇌ 財 (金⇌水 相生) 庚 ⇌ 壬 辛 ⇌ 癸 庚 ⇌ 癸 辛 ⇌ 壬 巳·午·未月 (中和用神:水·金)	成立不可	食·傷 ⇌ 財 (木⇌火 相生) 甲 ⇌ 丙 乙 ⇌ 丁 甲 ⇌ 丁 乙 ⇌ 丙 辰·申·酉·戌亥·子·丑月 (中和用神:火·木)

20) 이건희, 「명리학의 중화용신 개념에 근거한 인간심성연구」
박사학위논문 2020년 216쪽.

1절

관인상생격 (목/토일간)

관인상생격은,
용신과 희신에 해당하는
인성과 관성이
水金상생하는 甲乙木일간과,
火木상생하는 戊己土일간에만 성립된다.

만약,
관성과 인성의 조합이
용신(희신)과 기신(구신)
용신(희신)과 한신
기신과 구신에 해당된다면,
관인상생격이 성립될 수 없다.

1) 관인상생격 사주의 정의와 성립조건

관인상생격은 甲乙木, 戊己土일간 사주에서만 성립된다. 巳午未월의 甲乙木일간의 예를 들면 다음과 같다.
4장【계절별 30유형의 중화용신표】에 의하면, 巳午未월의

甲乙木일간의 경우 예외 없이 水金이 중화용신이다.

水와 金이 천간에서 상생한다는 것은 인성과 관성이 상생하므로 水金이 상생하는 관인상생이 된다.

이처럼 水金이 상생하는 관인상생격이 성립되기 위한 다른 조건은 이들 오행의 뿌리가 되는 亥子丑辰申酉중 1~3개 오행이 기구신의 방해를 받지 않고 지지에 있어야 한다.

다음은 亥子丑寅辰申酉戌월의 戊己土일간의 예이다.

4장 2절 "계절별 30유형의 중화용신"에 의하면, 火木이 중화용신이다. 火와 木이 상생한다는 것은 천간에서 인성과 관성이 상생하므로 火木이 상생하는 관인상생이 된다는 의미이다.

이처럼 火木이 상생하는 관인상생격이 성립되기 위한 또 한 가지의 조건은 이들 오행의 뿌리가 되는 寅卯巳午未戌중 1~3개 오행이 기구신의 방해를 받지 않고 지지에 있어주어야 한다. 그리고 이들 두 오행은, 천간은 물론 지지에서 기구신으로부터 방해를 받지 않고 상생의 관계를 유지해야 한다. 상생하는 두 오행이 공존하므로 사주의 중화를 돕는 이들 오행을 원국에서 기구신이 동시에 극할 수 있는 경우는 없다. 그렇기 때문에 중화된 사주로 평가할 수 있다. 그러나 관인상생격의 사주라 하더라도 행운行運인 대운과 세운에서 동시에 기구신을 만나면 천간의 희용신이 극을 받아, 그 시기에 한해 사주 원국이 불리해 질 수 있다.

2) 甲乙木일간 사주의 水金상생

壬甲癸庚
申辰未子

戊　乙　丁　壬
壬　癸　乙　癸
庚　戊　己

金　水
閑神
火　木
土

天干의 中和用神 : 壬癸庚辛
地支의 中和用神 : 亥子丑辰申酉

巳 午未월에 용신과 희신의 조합이 水金이고 이들 두 오행이 상생하는 관인상생격의 경우를 위 甲木일간 사주명조의 예를 들어 설명하면 다음과 같다.

未월의 甲木일간 사주에서, 용신인 인성 壬癸水와 희신인 편관 庚辛金 즉, 인성과 관성이 水金상생하고 있다.

이들 용신의 근에 해당하는 亥子丑辰申酉 중 시지 申金, 일지 辰土 그리고 년지 子水가 그 뿌리가 되어주고 있다.

천간과 지지에서 희용신과 이들 용신의 근을 손상시키는 기구신이 존재하지 않는다. 따라서, 위 명조는 水金이 상생하는 관인상생격이다. 같은 관인상생격이라 하더라도, 水金이 상생하는 경우와 火木이 상생하는 土일간 사주의 관인상생격은, 일간오행이 다를 뿐만 아니라 관성과 인성의 성향이 전혀 다르므로 해석을 달리한다.

3) 戊己土일간 사주의 火木상생

己戊甲丁
未申辰卯

丁　戊　乙　甲
乙　壬　癸
己　庚　戌　乙

天干의 中和用神: 丙丁甲乙
地支의 中和用神: 寅卯巳午未戌

亥 子丑寅辰申酉戌월에 용신과 희신의 조합이 火木이 고 이들 두 오행이 상생하는 관인상생격의 경우를 위 戊土일간 사주명조의 예를 들어 설명하면 다음과 같다.

　辰월의 戊土일간 사주에서, 용신인 정인 丁火와 희신인 편관 甲木 즉, 정인과 편관이 火木상생하고 있다.

　이들 용신의 근에 해당하는 寅卯巳午未戌 중 시지 未土, 년지 卯木이 그 뿌리가 되어주고 있다.

　천간과 지지에서 희용신과 이들 용신의 근을 손상시키는 기구신이 존재하지 않는다. 따라서, 위 명조는 火木이 상생하는 관인상생격이다. 같은 관인상생격이라 하더라도, 火木이 상생하는 경우와 水金이 상생하는 木일간 사주의 관인상생격 은, 일간오행이 다를 뿐만 아니라 관성과 인성의 성향이 전혀 다르므로 해석을 달리한다.

2절

재관상생격 (화/금일간)

재관상생격은,
용신과 희신에 해당하는
관성과 재성이
水金상생하는 丙丁火일간과,
火木상생하는 庚辛金일간에만 성립된다.

만약,
재성과 관성의 조합이
용신(희신)과 기신(구신)
용신(희신)과 한신
기신과 구신에 해당된다면,
재관상생격이 성립될 수 없다.

1) 재관상생격 사주의 정의와 성립조건

재 관상생격은 丙丁火, 庚辛金일간 사주에서만 성립된
다. 卯巳午未월의 丙丁火일간의 예를 들면 다음과
같다.
4장【계절별 30유형의 중화용신표】에 의하면, 卯巳午未월의
丙丁火일간의 경우 예외 없이 水金이 중화용신이다.

水와 金이 천간에서 상생한다는 것은 재성과 관성이 상생하므로 水金이 상생하는 재관상생이 된다.

이처럼 水金이 상생하는 재관상생격이 성립되기 위한 다른 조건은 이들 오행의 뿌리인 亥子丑辰申酉 중 1~3개 오행이 기구신 오행 등의 방해를 받지 않고 지지에 있어야 한다는 것이다.

다음은 亥子丑寅辰申酉戌월의 庚辛金 일간의 예이다.

4장【계절별 30유형의 중화용신표】에 의하면, 火木이 중화용신이다. 火와 木이 상생한다는 것은 재성과 관성이 천간에서 상생하므로 火木이 상생하는 재관상생이 된다.

이처럼 火木이 상생하는 재관상생격이 성립되기 위한 또 한 가지의 조건은 이들 오행의 뿌리인 寅卯巳午未戌중 1~3개 오행이 기구신 오행 등의 방해를 받지 않고 지지에 있어야 한다.

그리고 이들 두 오행은, 천간은 물론 지지에서 기구신으로부터 방해를 받지 않고 상생의 관계를 유지해야 한다. 상생하는 두 오행이 공존하므로 사주의 중화를 돕는 이들 오행을 원국에서 기구신이 동시에 극할 수 있는 경우는 없다. 그렇기 때문에 중화된 사주로 평가할 수 있다.

그러나 재관상생격의 사주라 하더라도 행운行運인 대운과 세운에서 동시에 기구신을 만나면 천간의 희용신이 극을 받아, 그 시기에 한해 사주 원국이 불리해 질 수 있다.

2) 丙丁火일간 사주의 水金상생

辛丁癸庚
亥未未申

戊甲壬	丁乙己	丁乙己	戊壬庚

天干의 中和用神: 壬癸庚辛
地支의 中和用神: 亥子丑辰申酉

卯 巳午未월에 용신과 희신의 조합이 水金이고 이들 두 오행이 상생하는 재관상생격의 경우를 위 丁火일간 사주명조의 예를 들어 설명하면 다음과 같다.

未월의 丁火일간 사주에서, 용신인 편관 癸水와 희신인 정편재 庚辛金 즉, 편관과 정편재가 水金상생하고 있다.

이들 용신의 근에 해당하는 亥子丑辰申酉 중 시지 亥水, 년지 申金이 그 뿌리가 되어주고 있다.

천간과 지지에서 희용신과 이들 용신의 근을 손상시키는 기구신이 존재하지 않는다. 따라서, 위 명조는 水金이 상생하는 재관상생격이다. 같은 재관상생격이라 하더라도, 水金이 상생하는 경우와 火木이 상생하는 金일간 사주의 재관상생격은, 일간오행이 다를 뿐만 아니라 관성과 재성의 성향이 전혀 다르므로 해석을 달리한다.

3) 庚辛金일간 사주의 火木상생

丁庚丙乙
亥午戌未

戊甲壬	丙己丁	辛丁戊	丁乙己

天干의 中和用神: 丙丁甲乙
地支의 中和用神: 寅卯巳午未戌

亥 子丑寅辰申酉戌월에 용신과 희신의 조합이 火木이고 이들 두 오행이 상생하는 재관상생격의 경우를 위 庚金일간 사주명조의 예를 들어 설명하면 다음과 같다.

戌월의 庚金일간 사주에서, 용신인 정편관 丙丁火와 희신인 정재 乙木 즉, 정편관과 정재가 火木상생하고 있다.

이들 용신의 근에 해당하는 寅卯巳午未戌중 일지 午火, 월지 戌土 그리고 년지 未土가 그 뿌리가 되어주고 있다.

천간과 지지에서 희용신과 이들 용신의 근을 손상시키는 기구신이 존재하지 않는다. 따라서, 위 명조는 火木이 상생하는 재관상생격이다. 같은 재관상생격이라 하더라도,火木이 상생하는 경우와 水金이 상생하는 火일간 사주의 재관상생격은, 일간오행이 다를 뿐만 아니라 관성과 재성의 성향이 전혀 다르므로 해석을 달리한다.

3절

식신생재격 (목/토/수일간)

식신생재격은,
용신과 희신에 해당하는
식신(상관)과 재성이
火土로 유정한 甲乙木일간,
水金상생하는 戊己土일간,
火木상생하는 壬癸水일간에만 성립된다.

만약,
식신(상관)과 재성의 조합이
용신(희신)과 기신(구신)
용신(희신)과 한신
기신과 구신에 해당된다면,
식신생재격이 성립될 수 없다.

1) 식신생재격 사주의 정의와 성립조건

식신성과 재성이 상생관계를 이루어 서로 도와 사주의 중화를 꾀한다는 식신생재격은 전통적인 명칭이다. "식신(상관)재 상생격"이 정확한 표현이라 하겠으나 본서에서는 관례상 "식신생재격"으로 통일한다. 식신이 아닌 상관인 경우도 그 명칭은 위와 같다.

그렇기 때문에, 亥子寅卯월의 甲乙木일간이 火土가 용신과 희신이 되는 경우를 제외하고는 식신생재격 뿐만 아니라 관인상생격 · 재관상생격은 모두 火木과 水金이 상생하는 구조이다. 고인들은 예외적으로 위 식신생재격의 火土를 '상생'의 범주에 포함하였던 것으로 본다.

식신생재격은 甲乙木, 戊己土, 壬癸水 일간 사주에서만 성립된다.

이에 해당하는 세 가지 유형의 식신생재격은 다음과 같다.

亥子寅卯월의 甲乙木 일간의 예이다.

4장【계절별 30유형의 중화용신표】에 의하면, 火土가 중화용신이다. 火와 土가 상생한다는 것은 식신 또는 상관과 재성이 상생한다는 의미이다.

이처럼 火土가 상생하는 식신생재격이 성립되기 위한 다른 조건은 이들 오행의 뿌리인 寅巳午未戌 중 1~3개 오행이 기구신 오행 등의 방해를 받지 않고 지지에 있어주어야 한다.

다음은 巳午未월의 戊己土 일간의 예이다.

4장【계절별 30유형의 중화용신표】에 의하면, 水金이 중화용신이다. 水와 金이 천간에서 상생한다는 것은 식신 또는 상관이 재성과 상생하므로 水金이 상생하는 식신생재격이 된다. 이처럼 水金이 상생하는 식신생재격이 성립되기 위한 또한 가지의 조건은 이들 오행의 뿌리인 亥子丑辰申酉 중 1~3개 오행이 기구신 오행 등의 방해를 받지 않고 지지에 있어주어야 한다. 그리고 두 오행은, 천간은 물론 지지에서 기구신으로부터 방해를 받지 않고 상생의 관계를 유지해야 한다.

다음은 亥子丑辰申酉戌월의 壬癸水 일간의 예이다.

4장【계절별 30유형의 중화용신표】에 의하면, 火木이 중화용신이다. 火와 木이 천간에서 상생한다는 것은 이들 오행의 십성인 식신 또는 상관이 재성과 상생하므로 火木이 상생하는 식신생재격이 된다는 의미이다. 이처럼 火木이 상생하는 식신생재격이 성립되기 위한 또 하나의 조건은 이들 오행의 뿌리인 寅卯巳午未戌 중 1~3개 오행이 기구신 오행 등의 방해를 받지 않고 지지에 있어주어야 한다. 그리고 이들 두 오행은 천간은 물론 지지에서 기구신으로부터 방해를 받지 않고 상생의 관계를 유지해야 한다. 상생하는 두 오행이 공존하므로 사주의 중화를 돕는 이들 오행을 원국에서 기구신이 동시에 극할 수 있는 경우는 없다. 그렇기 때문에 중화된 사주로 평가할 수 있다.

그러나 식신생재격의 사주라 하더라도 행운行運인 대운과 세운에서 동시에 기구신을 만나면 천간의 희용신이 극을 받아, 그 시기에 한해 사주 원국이 불리해 질 수 있다.

2) 甲乙木일간 사주의 火土상생

丙甲戊庚
寅戌子戌

| 戊丙甲 | 辛丁戊 | 壬癸 | 辛丁戊 |

天干의 中和用神: 丙丁戊己
地支의 中和用神: 寅巳午未戌

亥 子寅卯월에 용신과 희신의 조합이 火土이고 이들 두 오행이 상생하는 식신생재격의 경우를 위 甲木일간 사주명조의 예를 들어 설명하면 다음과 같다.

子월의 甲木일간 사주에서, 용신인 식신 丙火와 희신인 편재 戊土 즉, 식신과 편재가 火土상생하고 있다. 편관 경금은 한신이다. 이들 용신의 근에 해당하는 寅巳午未戌 중 시지 寅木, 일지 戌土 그리고 년지 戌土가 그 뿌리가 되어주고 있다.

천간과 지지에서 희용신과 이들 용신의 근을 손상시키는 기구신이 존재하지 않는다. 따라서, 위 명조는 火土가 상생하는 식신생재격이다. 같은 식신생재격이라 하더라도, 火土가 상생하는 경우와 水金이 상생하는 土일간, 火木이 상생하는 水일간 사주의 식신생재격은, 일간오행이 다를 뿐만 아니라 식신(상관)과 재성의 성향이 전혀 다르므로 해석을 달리한다.

3) 戊己土일간 사주의 水金상생

辛戊癸辛
酉申巳亥

庚　戊　戊　戊
壬　壬　庚　甲
辛　庚　丙　壬

天干의 中和用神: 壬癸庚辛
地支의 中和用神: 亥子丑辰申酉

午未월에 용신과 희신의 조합이 水金이고 이들 두 오행이 상생하는 식신생재격의 경우를 위 戊土일간 사주명조의 예를 들어 설명하면 다음과 같다.

巳월의 戊土일간 사주에서, 용신인 정재 癸水와 희신인 상관 辛金 즉, 정재와 상관이 水金상생하고 있다.

이들 용신의 근에 해당하는 亥子丑辰申酉 중 시지 酉金, 일지 申金 그리고 년지 亥水가 그 뿌리가 되어주고 있다.

천간과 지지에서 희용신과 이들 용신의 근을 손상시키는 기구신이 존재하지 않는다. 따라서, 위 명조는 水金이 상생하는 식신생재격이다. 같은 식신생재격이라 하더라도, 水金이 상생하는 경우와 火土가 상생하는 木일간, 火木이 상생하는 水일간 사주의 식신생재격은, 일간오행이 다를 뿐만 아니라 식신(상관)과 재성의 성향이 전혀 다르므로 해석을 달리한다.

4) 壬癸水일간 사주의 火木상생

亥 子丑辰申酉戌월에 용신과 희신의 조합이 火木이고 이들 두 오행이 상생하는 식신생재격의 경우를 위 癸水일간 사주명조의 예를 들어 설명하면 다음과 같다.

亥월의 癸水일간 사주에서, 용신인 편재 丁火와 희신인 식신 乙木 즉, 식신과 편재가 火木상생하고 있다.

이들 용신의 근에 해당하는 寅卯巳午未戌 중 시지 巳火, 일지 未土 그리고 년지 卯木이 그 뿌리가 되어주고 있다.

천간과 지지에서 희용신과 이들 용신의 근을 손상시키는 기구신이 존재하지 않는다. 따라서, 위 명조는 火木이 상생하는 식신생재격이다. 같은 식신생재격이라 하더라도, 火木이 상생하는 경우와, 火土가 상생하는 木일간, 水金이 상생하는 土일간 사주의 식신생재격은, 일간오행이 다를 뿐만 아니라 식신(상관)과 재성의 성향이 전혀 다르므로 해석을 달리한다.

지금까지 살펴본 중화된 사주의 대표적 사례인 관인상생격 재관상생격 그리고 식신생재격은 사주원국의 구성이 용신과 희신이 천간에서 상생을 하고 있고, 이들 오행의 뿌리인 용신의 근이 지지에 발달되어 있어야 한다는 조건을 확인할 수 있었다. 그러나 실제 이들 관인상생격 · 재관상생격 · 식신생재격 외에도 용신과 희신이 천간과 지지에 가까이 있거나 동주 同柱[21]하는 경우도 있다. 천간에 용신과 희신이 가시적으로 투간되어 있지 않으면 엄밀한 의미에서 위 상생격의 조건에 부합된다고 볼 수 없다. 비겁과 인성 또는 비겁과 식신(상관)이 상생하는 중화된 사주는 다음과 같다.

　　용신과 희신이 木火인 亥子丑辰申酉월의 丙丁火일간 사주에서, 천간에 용신인 인성 甲乙木과 희신인 비겁 丙丁火가 木火상생하고, 이들 용신의 근인 寅卯巳午未戌 중 1~3개 오행이 기구신의 극충을 받지 않고 있으면 인성이 아름다운 중화된 사주로 평가할 수 있다.

　　또, 용신과 희신이 水金인 巳午未월의 庚辛金일간 사주의 천간에서, 용신인 식신(상관) 壬癸水가 희신인 비겁 庚辛金과 水金상생하고, 이들 용신의 근인 亥子丑辰申酉중 1~3개 오행이 기구신의 극충을 받지 않고 있으면 식신(상관)이 아름다운 중화된 사주로 평가할 수 있다.

---

21) 동주(同柱): 간지의 오행이 같다는 의미 또는 간지에 각각 용신과 희신이 있어서 유정하다는 의미이다. 년간과 년지, 월간과 월지, 일간과 일지, 시간과 시지가 이에 해당한다.

제 6 장

사주명리학의 제諸 문제점

1. 용신개념과 도출법의 표준화

현대명리학에서 용신은, 사주의 중화를 위해 일간이 필요로 하는 오행이다. 희신 또한 용신을 도와 기구신의 지나친 오행 작용을 억제하고 사주의 중화를 돕는다.

사주에 용신과 희신이 발달되어 있지 않다는 이유로 임의의 용신이 이를 대신할 수 없다. 용신이 없거나, 설령 용신이 극충을 받아도 용신은 용신인 것이다.

어느 특정한 한 글자를 지칭해서 용신이라고 하는 것 또한 잘못이다. 지금까지 우리는 용신이 무엇인지를 결정해야 하는 과도한 스트레스에 사로잡혀 있었는지도 모른다.

그러나 현대명리학의 용신 개념은 명확하게 정의할 수 있고, 용신의 도출법 또한 명징하다.

이러한 문제는 본서 전반을 거쳐 강조하고 또 강조하였다. 이제는 사실이 아닌 것을 사실인 것처럼 얽혀서 조작된 고전 격국론의 허구에서 과감히 벗어날 때가 되었다. 용신이 무엇인지를 고민하는 것보다 표준화된 용신을 해석의 도구로 삼아 보다 정확하게 사주를 분석하는 역량을 키우는 것이 바람직하다. 문제는 용신이 아니라, 용신을 통해 사주를 객관적으로 관찰하고 이해하는데 있다.

본서를 정독한 독자라면 이에 공감할 것이라 확신한다.

2. 고전격국론의 모순과 학문적 사대주의 극복

필자는 동양철학을 전공하였음에도 불구하고, 음양오행론이 가지고 있는 비과학적 논리에 줄곧 의심을 품어 왔다. 특히 사주명리학과 관련한 많은 고서들이 안고 있는 이론적 모순과 한계를 학문적으로 논증하고자 하는 노력을 게을리하지 않았다.

그 결과, 「음양오행론의 명리학적 적용에 관한 연구」라는 논제로 연구결과를 발표하였다. 이 연구는 음양오행론을 명리학적으로 적용하기 위해서는 생극의 문제를 새로운 각도로 조명해야 한다는 논거와 중화용신의 표준화와 관련된 내용으로 요약될 수 있다. 또, 「명리학의 중화용신 개념에 근거한 인간심성 연구」라는 박사학위 논문을 통해, 사주명리학을 응용해서 서양의 심리학이나 정신분석학과도 어깨를 나란히 할 수 있는 인간심리분석의 이론적 토대를 완성하였다.

그러나 안타까운 것은 아직도 현학적인 중국의 사주명리학 고전이론에 함몰되어 과거지향의 학문적 사대주의에서 벗어나지 못하고 있는 것이 학계의 현실이다. 이제 고전 격국용신론은 버려야 할 때가 되었다. 학문은 오류를 수정하고 또 수정하면서 앞으로 나아가는 것이므로, 과거의 것에 집착한 나머지 새로운 학문적 모험을 두려워해서는 안 된다는 것이 필자의 주장이다.

3. 사주에 없는 글자가 용신이다?

아직도 사주에 없는 글자가 용신이라는 말을 듣는 경우가 있다. 그렇다면 사주에 있는 글자는 모두 기구신인가? 독학을 통해 공부를 하다보면 학문적 기초가 부족하기 때문에 그러한 주장을 할 수도 있다고 본다.

자신이 듣고 본 것을 전제로 모든 것을 판단하려고 하는 아집도 없지 않을 것이다. 물론 사주 원국에 없는 오행이 용신이 되는 경우도 있다.

그러나 사주에 없는 글자가 만약 기신이나 구신 또는 한신이라면 이야기가 달라진다. 이러한 주의주장은 아무리 좋게 보더라도 무지가 원인이라고 본다.

사주의 용신 도출에 대한 확신과 이에 대한 뚜렷한 개념이 없는 가운데 사주에 없으니 오행을 두루 갖추면 좋을 것이라는 단순한 발상에서 생겨난 것으로 짐작된다.

처음 사주명리학에 입문해서 다양한 이론을 무비판적으로 수용하다보면 진위를 판단할 능력이 생기지 않은 채 검증되지 않은 지식이 쌓일 수밖에 없다. 사주명리학을 학문이라고 인정한다면 학문적으로 배워야 한다. 학문적이라는 것은 과학적 사고에 기초한다는 점을 명심할 필요가 있다. 무엇보다 제도권 학자들의 반성과 분발이 필요할 것으로 본다.

4. 오행의 숫자가 많으면 강하다?

오행의 숫자가 많으면 강하다고 하는 주장은 사주에 없는 글자가 용신이라는 주장과 견줄 정도로 어리석다. 사주의 중화를 돕는 오행의 속성과 이에 반하는 오행의 속성을 모르는 데서 기인한 잘못된 주장으로 보인다.

사주의 중화를 돕는 오행인 용신과 희신은 기신이나 구신에 비해 상대적으로 그 힘이 약한 반면, 기신이나 구신에 해당하는 오행은 희용신에 비해서 상대적으로 강한 오행의 작용력이 나타나기 때문이다. 그렇기 때문에 오행의 숫자가 많다는 것이 곧 강하다고 하는 근거가 되지 못한다. 뿐만 아니라 일간 오행의 신강, 신약 판단 역시 이에 준한다. 엄밀히 말해 일주만으로 강약을 논하는 것은 불가하기 때문이다. 따라서 사주를 대표하는 오행인 일간이 강하다는 것은 비견 또는 겁재가 기신이나 구신에 해당되는 경우에 성립될 수 있다. 나아가서 관성이 강하거나 인성이 강하거나 재성이 강하거나 식신, 상관성이 강하다는 것은, 그 숫자의 많고 적음과 상관없이 이에 해당하는 오행이 기신이나 구신일 때 성립되는 개념인 것이다. 사주명리학이 보편화되면서 검증되지 않은 이론이 난무하고, 경험을 우선적으로 앞세운 술사들의 경솔함도 이러한 이론 아닌 이론을 양산했을 것이지만, 초학자나 후학들을 위해서라도 하루빨리 바로잡아야 할 것이다.

5. 사주는 반드시 맞아야 한다?

사주명리학은 천기天氣만을 다루는 학문이다. 천기는 사주의 간지 여덟 글자로부터 발생하는 오행의 기라고 설명할 수 있다. 오행의 기를 마음으로 본다면 천기는 곧 마음작용일 수 있다. 사주명리학에 있어서 만약 태어난 생년월일시가 같다면 같은 천기를 받고 태어나는 것으로 볼 수 있다. 그러나, 같은 천기를 받고 태어난 사람이라 하더라도 그 몸은 유전적으로 각기 다르다. 부모를 비롯한 조상이 다르기 때문이다. 뿐만 아니라 서로 다른 지리적 환경, 시대적 환경, 직업, 서로 다른 주변인으로 인한 영향과 교육의 정도, 종교에 이르기까지 천기만으로 설명되어지지 않는 변수들이 있다. 그러므로 사주명리학에서 우리가 유추할 수 있는 해석의 범주는 천기에 국한 되는 것이다. 이러한 사실은 사주가 천기 외의 다양한 요인으로 인해 반드시 맞지 않을 수 있다는 점을 반증한다. 경우에 따라서는 개인의 의지나 노력의 정도조차도 사주 외적인 요인으로 볼 수 있다. 사주명리가는 이러한 점에 유의해서 사주를 관찰해야 하며 단지 사주만을 판단의 근거로 삼아 경솔하게 명조를 대하는 일을 삼가야 할 것으로 본다. 매우 좋거나, 매우 나쁜 일은 그 정확도가 높다. 그러나 그 중간의 일들은 변수가 있으므로 무리해서 인간의 삶을 예단해서는 안 된다.

제 7 장

대안 제시

1. 사주해석의 도구 중화용신의 활용

본서는 사주명리학의 용신 개념과 용신 도출의 표준화를 위해 연구된 논문에 기초해서 저술되었다. 그 제목을 사주명리학『용신비결』이라고 하였지만, 사실 비결은 존재하지 않는다. 다만, 아직 세상에 공개적으로 알리지 않았을 뿐이다. 본서 출간을 계기로 필자는 그 동안의 모든 학문적 노력을 독자들과 공유하고자 한다.

앞으로도 사주명리학은 용신을 해석도구로 활용하는데 집중해야 할 것으로 본다. 만약, 용신의 개념과 도출된 용신에 대한 표준화가 이루어진다면 보다 쉽고 명확하게 사주명리학을 배울 수 있을 것을 확신한다.

본서의 중화용신은 매우 쉽고 명확하다. 중화용신의 개념 또한 명징하다. 용신과 희신을 아우르는 중화용신의 도출 원리도 논증을 거쳐 과학적 논리체계를 갖추었다.

중화용신의 정확한 도출은 기신과 구신을 결정짓고, 한신도 자연스럽게 결정되어진다. 사주에 용신이 없거나 극충을 받는다고 반감을 가질 필요는 없다. 인정하지 않는다고 자의적으로 결정되는 것이 아니기 때문이다. 오히려 기신이나 구신이 가지고 있는 감성적 마음작용을 잘 다스린다면 그것이야 말로 마음을 통해 운을 다스릴 수 있는 유일한 근거가 된다는 점을 한시도 잊어서는 안 될 것이다.

2. 체용의 이해

중국철학과 명리학에서 체용體用의 개념은 매우 다양하게 정의되고 있다. 체용은 처음 인도불교 이론을 중국적 이론으로 사용하고자 고안된 용어였으나 후일 송대 성리학자들이 우주론과 인성론을 설명하려고 하는 가운데 철학적 개념으로 인식되었다. 주돈이周敦頤는 태극도설太極圖說에서 체용을 언급했는데 그는 천지만물이 생성되기 전을 본체로 보았고 그 본체에서 동정動靜과 음양오행陰陽五行이 나와 교감하면서 천지만물이 형성된 것이라고 하였다. 동정과 음양오행은 본체가 작용을 하는 것이 된다.

오늘날 체용은 '사물의 본체와 그 작용', 또는 '원리와 그 응용'을 뜻하는 사전적 개념으로 정착되었다.

필자는, 사주명리학에 있어서 오행이 생하고 극하는 문제가 반드시 水生木, 木生火, 火生土, 土生金, 金生水 또는 木剋土, 土剋水, 水剋火, 火剋金, 金剋木이라는 형식의 도식화된 생극 논리로는 설명이 불가능하다는 점에 착안하여 이를 효과적으로 설명할수 있는 개념을 궁구한 결과, 도식화된 생극의 논리를 체로 보고, 사주의 용신과 희신 그리고 기신과 구신이 결정되고 난 이후에 발생하는 오행의 작용을 용의 개념으로 정의하였다. 이것은 앞서 말한 체용의 사전적 개념과 일치한다.

3. 이성과 감성의 개념 도입

사주의 중화를 돕는 희용신과 기구신에 해당하는 오행의 작용상 특징을 근거로 육친이나 심리를 관찰하면 같은 편인 壬水라 하더라도 희용신인지 기구신인지의 여부에 따라 서로 다른 특징을 보여준다.

지금까지 사주명리학에서는 이를 희용신이나 기구신 또는 길신이나 흉신 등으로 표현해 왔다.

필자는 이때 편인과 壬水가 가진 특징을 보다 효과적으로 인지하기 위해서는 양자가 가지고 있는 특징을 이성적 오행작용과 감성적 오행작용, 이성적 심리작용과 감성적 심리작용으로 특정할 필요가 있다고 보았다.

편인은 壬水라는 오행에 의해서 발현되기 때문에 壬水의 속성을 가진 편인임은 당연한 이치이다. 나아가 壬水가 용신이나 희신에 해당하는 오행이라면 순기능, 반대로 기신이나 구신일 때 발생하는 역기능과 대비해서 이해를 할 수 있다. 여기서 순기능은 이성적 특징, 역기능은 감성적 특징을 의미한다. 대체적으로 기구신에 해당하는 오행은 그 작용력이 희용신에 비해서 강한 감성적 특징이 있지만 그 내면에는 이성적 특징이 있다고 볼 수 있다. 이러한 시각은 사주명리학의 심리분석에 있어서 중요한 이론적 토대가 될 수 있으므로 적극적인 관심을 가질 필요가 있다고 본다.

4. 선학들은 생극제화 외에는 말하지 않았다

자 평명리학의 창시자인 서자평은 일찍이 오행의 상생 상극만을 사주해석의 논거로 해야 함을 강조한 바 있다. 후일 유백온도 『천금부』千金賦에서 "길흉신살에는 다양한 종류들이 많아도 생극제화를 한마디로 요약하여 말한 것 보다 못하다"[22]라고 단언한 바 있다. 1900년대 중화민국의 명리학자 서락오徐樂吾도 생극제화의 중요성을 갈파하였다.[23] 그런데도 불구하고, 오늘날까지 12운성이나 신살론이 사라지지 않고 있는 이유가 무엇인가? 필자는 다음 두 가지 원인이 있다고 본다. 첫째, 생극제화가 중요한 것은 알지만 체에서 용으로 치환된 용의 개념이 이론화되지 못한 점이다. 둘째, 사주명리학을 배우려고 하는 입장에서 학문적 접근보다 신살류가 접근하고 활용하기에 용이했다는 점을 들 수 있다. 생극제화가 중요한 것은 이를 통해서 정확한 육친해석과 심리분석 그리고 운의 길흉을 판단할 수 있기 때문이다. 이러한 이유로 생극제화 외에는 과감히 버리기를 권한다.

---

22) "誠意伯千金賦云. 吉凶神殺之多端. 何如生剋制化之一理. 一言以蔽之矣"

23) 徐樂吾 著, 『子平粹言』, 中華民國 武陵出版社, 1998, 14쪽: "其於生剋制化. 運用自如. 淮南以後. 易以五行之名稱."(오행의 생극제화 즉, 상생하고 상극하거나 또는 생하면서 극하거나, 극하면서 생하는 것은 자유자재하기 때문에, 한 대 이후에 『역』은 오행이라는 명칭으로 불렸다)

5. 현대명리학은 마음으로 간다

운 명의 발현은 오행에서 기인起因한 마음작용에서 비롯된다. 인간행위의 길흉화복은 행동으로 나타나면서 실현된다. 그 행동은 말과 함께 동반된다. 이 말과 행동 즉, 언행은 마음이 원인이다. 그런데, 어떤 마음이 발생하더라도 언행으로 실행되지 않으면 그로 인한 원인이 가시적으로 표출되지 않으므로 길흉화복으로 직결되지 않을 수 있다.

다시 말하면, 피할 수 없는 운명의 작용이 마음으로 인해 생겨날 때 그 단계에서 마음을 잘 다스리면 원하지 않는 일의 전부는 아니더라도 일부분은 피할 수 있다는 것이다. 그러나 마음을 다스린다는 것은 실로 어려운 일이기도 하다. 중화가 잘된 사주의 주인공이라면 상대적으로 마음을 다스리기가 쉬울 수도 있지만 대부분 우리 인간의 사주는 중화된 사주가 아니기 때문에, 원하든 원하지 않던 보이지 않는 어떤 힘인 운명에 의해 피동被動되어 살아간다고 볼 수 있다.

만약, 마음을 잘 다스려서 일부분이라도 자신의 의지가 반영된 삶을 살 수 있다면 그것은 매우 가치 있는 일일 것이다. 그래서 운명은 마음 즉, 감정을 다스리는 것과도 같다고 하였다. 그런데 운명을 다스린다는 것은 어쩌면 오만한 표현일지 모르겠다. 자신의 운명을 사주명리학을 통해 이해하고 순응하는 것이 보다 적절한 표현이라고 하겠다.

제 8 장

용신 연습

참고

● 제 1) 명조는 천간에 용신과 희신이 상생[24]하거나
　　　　지지에 용신의 근이 있는 사례임.

　예)

　<u>火木용신</u> : 甲丙 상생/ 乙丁 상생/ 甲丁 상생/ 乙丙 상생
　지지 용신의 근: <u>寅卯巳午未戌</u>

　<u>水金용신</u> : 庚壬 상생/ 辛癸 상생/ 庚癸 상생/ 辛壬 상생
　지지 용신의 근: <u>亥子丑辰申酉</u>

　<u>火土용신</u> : 丙戌 상생/ 丁己 상생/ 丙己 상생/ 丁戌 상생
　지지 용신의 근: <u>寅巳午未戌</u>

　<u>土金용신</u> : 戊庚 상생/ 己辛 상생/ 己庚 상생/ 戊辛 상생
　지지 용신의 근: <u>申酉辰戌丑未</u>

　　(辰戌丑未: 체는 근이 되나 용의 개념으로는 근이 되기 어렵다)

● 제 2), 3)명조는 천간의 용신 또는 희신이 극 받는 사례임.

　예)

　火木이 용신인데 水金이 기구신인 경우,

　壬 剋 丙　　　－　　　庚 剋 甲
　癸 剋 丁　　　－　　　辛 剋 乙
　壬 剋 丁(合)　－　　庚 剋 乙(合)
　癸 剋 丙(半剋)　－　辛 剋 甲(半剋)

---

24) 용신과 희신의 조합이 火土 또는 土金이 유정한 경우, 火木상생 또는
　　水金상생인 경우와 구분되어야 하지만, 통념상 모두 상생이라고 표현
　　하였다.

● 제 4) 명조는 천간과 지지에 용신과 희신이 없는 사례임.
  단, 寅월의 甲乙木, 丙丁火, 戊己土, 庚辛金일간 사주는
  위 조건에 부합되지 않는다.
  그러나, 월지의 용신 오행인 寅木이 申金의 충을 받고 있
  다면 불리하다.

● 제 5) 명조는 천간과 지지에서 희용신이 극 받는 사례임.

● 제 6) 명조는 지지에서 합의 유·불리를 사례로 들었다.

단, 아래 예외적 적용은 지지에 용신 오행의 근이 없으므로
  천간에 용신 또는 희신이 있는 다양한 사례만 들었음.
제 3-1 유형/ 제 4-1 유형 / 제 7-1 유형/ 제 9-1유형
제 13-1 유형/ 제 15-1 유형/ 제 16-1 유형/ 제 19-1 유형
제 21-1 유형/ 제 22-1 유형/ 제 25-1 유형/ 제 30-1 유형

사례 명조에서
밑줄표시 된 천간 오행은 용신 또는 희신
밑줄표시 된 지지오행은 용의 근에 해당함.

甲乙木

제1유형 해자월의 갑을목일간 사주

천간의 중화용신(용신과 희신)
丙 · 丁 · 戊 · 己

지지 중화용신의 근
寅 · 巳 · 午 · 未 · 戌

1)	2)	3)
丁甲己丙	丙甲辛壬	乙甲己辛
卯寅亥寅	子辰亥子	丑寅亥亥

1) 중화용신: 천간 丙丁己, 지지 寅寅
2) 용신 丙火가 기신 壬水로부터 극 받음(金한신)
3) 희신 己土가 구신 乙木으로부터 극 받음(金한신)

4)	5)	6)
乙乙壬壬	丙乙壬壬	辛乙丙己
酉丑子申	子丑子午	巳酉子丑

4) 천간과 지지에 중화용신이 없음
5) 중화용신 丙火와 午火가 동시에 극·충 받음 (천충지충)
6) 지지 巳火가 酉金에 의해 합이 되어(巳酉丑合) 불리함

용신연습

甲乙木

제2유형 축월의 갑을목일간 사주

천간의 중화용신(용신과 희신)
丙 · 丁 · 甲 · 乙

지지 중화용신의 근
寅 · 卯 · 巳 · 午 · 未 · 戌

1)	2)	3)
丙甲丁甲	癸甲丁己	辛甲乙戊
寅子丑寅	酉午丑酉	未午丑午

1) 중화용신: 천간 丙丁甲, 지지 寅寅에 해당함
2) 천간의 용신 丁火가 기신 癸水로부터 극 받음(土한신)
3) 희신 乙木이 구신 辛金으로부터 극 받음(土한신)

4)	5)	6)
庚乙癸壬	乙乙辛辛	辛乙丁己
辰亥丑子	酉亥丑未	巳酉丑巳

4) 천간과 지지에 중화용신이 없음
5) 중화용신 乙木과 未土가 동시에 극·충 받음 (천충지충)
6) 지지 巳火가 酉金에 의해 합이 되어(巳酉丑合) 불리함

용신연습

甲乙木

제3유형 인월의 갑을목일간 사주

천간의 중화용신(용신과 희신)

丙 · 丁 · 戊 · 己

지지 중화용신의 근

寅 · 巳 · 午 · 未 · 戌

1)	2)	3)
庚甲丙己	癸甲壬丁	甲甲戊庚
午辰寅巳	酉午寅卯	子子寅午

1) 중화용신: 천간 丙己, 지지 午寅巳에 해당함(金한신)
2) 천간의 용신 丁火가 기신 壬癸로부터 극 받음
3) 희신 戊土가 구신 甲木으로부터 극 받음(金한신)

4)	5)	6)
庚乙甲癸	丙乙壬壬	丁乙戊庚
辰丑寅酉	子亥寅申	丑巳寅午

4) 월지에 유일한 용신오행인 寅木이 있는 구조임
5) 중화용신 丙火와 寅木이 동시에 극·충 받음 (천충지충)
6) 지지 용신의 근 寅木과 午火가 합이 되어 유리함

용신연습

甲乙木

제3-1유형 인월의 갑을목일간 사주 <mark>예외적 적용</mark>

천간의 중화용신(용신과 희신)
壬 · 癸 · 庚 · 辛

지지 중화용신의 근
亥 · 子 · 丑 · 辰 · 申 · 酉

A)	B)	C)
<u>庚</u>甲<u>壬壬</u>	丙甲<u>庚</u>辛	丙甲甲戊
午午寅寅	寅戌寅未	寅寅寅寅

D)	E)	F)
<u>壬</u>乙戊<u>庚</u>	丙乙<u>壬</u>丁	戊乙戊<u>庚</u>
午卯寅戌	戌未寅巳	寅巳寅寅

寅월의 甲乙木일간 사주에서 년 · 월 · 일 · 시의 지지오행 모두가 화기를 포함한 寅卯巳午未戌로 구성되면 중화용신은 水金이 된다. 천간에 壬癸庚辛이 있으면 좋겠지만, 지지에 용신의 근인 亥子丑辰申酉가 없는 불리한 구성을 피할 수 없다. 만약, 행운行運의 천간에서 기구신을 만나면 희용신인 중화용신은 극을 피할 수 없게 된다.

용신연습

甲乙木

제4유형 묘월의 갑을목일간 사주

천간의 중화용신(용신과 희신)
丙 · 丁 · 戊 · 己

지지 중화용신의 근
寅 · 巳 · 午 · 未 · 戌

1)	2)	3)
丙甲丁己	壬甲辛丙	甲甲乙戊
寅辰卯亥	申午卯戌	戌寅卯子

1) 중화용신: 천간 丙丁己 , 지지 寅에 해당함
2) 천간의 용신 丙火가 기신 壬水로부터 극 받음(金한신)
3) 희신 戊土가 구신 甲乙木으로부터 극 받음

4)	5)	6)
庚乙辛辛	丁乙癸丁	己乙乙癸
辰丑卯丑	亥巳卯亥	卯未卯巳

4) 천간과 지지에 중화용신이 없음
5) 중화용신 丁火와 巳火가 동시에 극·충 받음 (천충지충)
6) 지지 未土가 卯木에 의해 합이 되어(卯未合) 불리함

용신연습

甲乙木

제4-1유형 묘월의 갑을목일간 사주 <mark>예외적 적용</mark>

천간의 중화용신(용신과 희신)
壬 · 癸 · 庚 · 辛

지지 중화용신의 근
亥 · 子 · 丑 · 辰 · 申 · 酉

A)	B)	C)
庚甲癸壬	丙乙辛丙	己乙乙癸
午戌卯午	戌巳卯戌	卯卯卯卯

卯월의 甲乙木일간 사주에서 년 · 월 · 일 · 시의 지지오행 모두가 화기를 포함한 寅卯巳午未戌로 구성되면 중화용신은 水金이 된다. 천간에 壬癸庚辛이 있으면 좋겠지만, 지지에 용신의 근인 亥子丑辰申酉가 없는 불리한 구성을 피할 수 없다. 만약, 행운行運의 천간에서 기구신을 만나면 희용신인 중화용신은 극을 피할 수 없게 된다.

단, C) 명조의 경우 지지가 일점 화기도 없이 모두 비겁인 卯木으로 구성되어 있으므로, 일간 乙木은 그 힘을 설기하기 위해서 火土가 중화용신이 될 수 있다.

용신연습

甲乙木

제5유형 진월의 갑을목일간 사주

천간의 중화용신(용신과 희신)
丙 · 丁 · 甲 · 乙

지지 중화용신의 근
寅 · 卯 · 巳 · 午 · 未 · 戌

1)	2)	3)
丙甲戊甲	丙甲壬辛	甲甲庚庚
子寅辰午	寅辰辰丑	戌午辰寅

1) 중화용신: 천간 丙甲, 지지 寅午에 해당함(土한신)
2) 천간의 용신 丙火가 기신 壬辛으로부터 극 받음
3) 희신 甲木이 구신 庚金으로부터 극 받음

4)	5)	6)
戊乙庚庚	丁乙壬丙	辛乙戊己
子酉辰子	亥巳辰戌	巳酉辰丑

4) 천간과 지지에 중화용신이 없음
5) 중화용신 丙丁과 巳戌이 동시에 극·충 받음 (천충지충)
6) 지지 巳火가 酉金에 의해 합이 되어(巳酉丑합) 불리함

용신연습

甲乙木

제6유형 사오미월의 갑을목일간 사주

천간의 중화용신(용신과 희신)
壬 · 癸 · 庚 · 辛

지지 중화용신의 근
亥 · 子 · 丑 · 辰 · 申 · 酉

1)	2)	3)
壬甲辛庚	癸甲戊癸	辛甲丁丁
申子巳寅	酉子午未	未辰未亥

1) 중화용신: 천간 壬辛庚, 지지 申子에 해당함
2) 천간의 용신 癸水가 기신 戊土로부터 극 받음
3) 희신 辛金이 구신 丁火로부터 극 받음

4)	5)	6)
丙乙己甲	丙乙丙壬	辛乙癸乙
戌未巳午	戌未午子	巳酉未卯

4) 천간과 지지에 중화용신이 없음
5) 중화용신 壬水와 子水가 동시에 극·충 받음 (천충지충)
6) 지지 巳酉합이 巳中 丙火로 인해 성립되지 않음.

용신연습

甲乙木

제7유형 신유술월의 갑을목일간 사주

천간의 중화용신(용신과 희신)
丙 · 丁 · 甲 · 乙

지지 중화용신의 근
寅 · 卯 · 巳 · 午 · 未 · 戌

1)	2)	3)
甲甲丙丙	癸甲丁辛	乙甲戊辛
戌寅申辰	酉午酉未	丑寅戌酉

1) 중화용신: 천간 丙甲, 지지 戌寅에 해당함
2) 천간의 용신 丁火가 기신 癸水로부터 극 받음
3) 희신 乙木이 구신 辛金으로부터 극 받음(土한신)

4)	5)	6)
戊乙壬己	丁乙癸己	丁乙戊丙
子丑申丑	丑未酉酉	丑卯戌午

4) 천간과 지지에 중화용신이 없음
5) 중화용신 丁火와 未土가 동시에 극·충 받음 (천충지충)
6) 지지 용신의 근 午火와 戌土가 합이 되어 유리함

용신연습

甲乙木

제7-1유형 술월의 갑을목일간 사주 <mark>예외적 적용</mark>

천간의 중화용신(용신과 희신)
壬 · 癸 · 庚 · 辛

지지 중화용신의 근
亥 · 子 · 丑 · 辰 · 申 · 酉

A)	B)	C)
丙甲**庚壬**	**辛**甲**壬**癸	甲甲**壬**戊
寅午戌寅	未戌戌未	戌戌戌戌

D)	E)	F)
辛乙**壬**戊	**壬**乙戊丙	丙乙甲甲
巳未戌寅	午巳戌寅	戌未戌戌

　戌월의 甲乙木일간 사주에서 년 · 월 · 일 · 시의 지지오행 모두가 화기를 포함한 寅卯巳午未戌로 구성되면 중화용신은 水金이 된다. 천간에 壬癸庚辛이 있으면 좋겠지만, 지지에 용신의 근인 亥子丑辰申酉가 없는 불리한 구성을 피할 수 없다. 만약, 행운行運의 천간에서 기구신을 만나면 희용신인 중화용신은 극을 피할 수 없게 된다.

용신연습

丙丁火

제8유형 해자축월의 병정화일간 사주

천간의 중화용신(용신과 희신)
甲 · 乙 · 丙 · 丁

지지 중화용신의 근
寅 · 卯 · 巳 · 午 · 未 · 戌

1)	2)	3)
甲丙己丙	甲丙戊庚	丙丙辛辛
午午亥午	午戌子申	申寅丑卯

1) 중화용신: 천간 甲丙, 지지 午午午에 해당함
2) 천간의 용신 甲木이 기신 庚金으로부터 극 받음
3) 희신 丙火가 기신 辛金으로부터 극 받음

4)	5)	6)
壬丁己辛	辛丁戊乙	己丁己乙
子酉亥亥	丑未子丑	酉巳丑亥

4) 천간과 지지에 중화용신이 없음
5) 중화용신 乙木과 未土가 동시에 극·충 받음 (천충지충)
6) 지지 巳火가 酉金에 의해 합이 되어(巳酉丑合) 불리함

용신연습

丙丁火

제9유형 인월의 병정화일간 사주

천간의 중화용신(용신과 희신)

甲 · 乙 · 丙 · 丁

지지 중화용신의 근

寅 · 卯 · 巳 · 午 · 未 · 戌

1)	2)	3)
丁丙甲戊	甲丙庚辛	癸丙壬丁
酉子寅戌	午申寅卯	巳戌寅丑

1) 중화용신: 천간 甲丁, 지지 寅戌에 해당함
2) 천간의 용신 甲木이 기신 庚金으로부터 극 받음
3) 희신 丁火가 구신 壬癸水로부터 극 받음

4)	5)	6)
辛丁壬壬	甲丁戊庚	己丁甲戊
丑丑寅子	辰巳寅申	酉未寅午

4) 월지에 유일한 용신오행인 寅木이 있는 구조임
5) 중화용신 甲木과 寅木이 동시에 극·충 받음 (천충지충)
6) 지지 용신의 근 寅木과 午火가 합이 되어 유리함

용신연습

丙丁火

제9-1유형 인월의 병정화일간 사주 <mark>예외적 적용</mark>

천간의 중화용신(용신과 희신)
壬 · 癸 · 庚 · 辛

지지 중화용신의 근
亥 · 子 · 丑 · 辰 · 申 · 酉

A)	B)	C)
癸丙戊庚	癸丙丙己	庚丙庚丙
巳寅寅戌	巳戌寅卯	寅寅寅寅

D)	E)	F)
癸丁庚辛	癸丁戊乙	壬丁庚丙
卯巳寅未	卯卯寅未	寅未寅寅

　　寅월의 丙丁火일간 사주에서 년 · 월 · 일 · 시의 지지오행 모두가 화기를 포함한 寅卯巳午未戌로 구성되면 중화용신은 水金이 된다. 천간에 壬癸庚辛이 있으면 좋겠지만, 지지에 용신의 근인 亥子丑辰申酉가 없는 불리한 구성을 피할 수 없다. 만약, 행운行運의 천간에서 기구신을 만나면 희용신인 중화용신은 극을 피할 수 없게 된다.

용신연습

丙丁火

제10유형 묘월의 병정화일간 사주

천간의 중화용신(용신과 희신)
壬 · 癸 · 庚 · 辛

지지 중화용신의 근
亥 · 子 · 丑 · 辰 · 申 · 酉

1)	2)	3)
庚丙癸壬	己丙癸丁	丁丙辛丙
子辰卯子	亥申卯未	酉戌卯申

1) 중화용신: 천간 壬庚, 지지 子辰子에 해당함
2) 천간의 용신 癸水가 기구신 己土, 丁火로부터 극 받음
3) 희신 辛金이 구신 丙丁火로부터 극 받음

4)	5)	6)
丙丁乙戊	丁丁辛辛	庚丁丁己
午未卯戌	未丑卯巳	戌未卯亥

4) 천간과 지지에 중화용신이 없음
5) 중화용신 辛金과 丑土가 동시에 극·충 받음 (천충지충)
6) 지지 용신의 근 亥水가 한신 卯木과 합이 되어 불리함

용신연습

丙丁火

제11유형 진월의 병정화일간 사주

천간의 중화용신(용신과 희신)
甲 · 乙 · 丙 · 丁

지지 중화용신의 근
寅 · 卯 · 巳 · 午 · 未 · 戌

1)	2)	3)
甲丙丙丁	乙丙庚辛	戊丙壬丙
午寅辰未	未寅辰酉	戌午辰寅

1) 중화용신: 천간 甲丙丁, 지지 午寅未에 해당함
2) 천간의 용신 乙木이 기신 庚辛金으로부터 극 받음
3) 희신 丙火가 구신 壬水로부터 극 받음(土한신)

4)	5)	6)
戊丁庚庚	壬丁丙戊	癸丁壬辛
申亥辰辰	辰丑辰戌	卯未辰丑

4) 천간과 지지에 중화용신이 없음
5) 중화용신 丙火와 戊土가 동시에 극·충 받음 (천충지충)
6) 지지 용신의 근 卯木과 未土가 합이 되어 유리함

용신연습

丙丁火

제12유형 사오미월의 병정화일간 사주

천간의 중화용신(용신과 희신)
壬 · 癸 · 庚 · 辛

지지 중화용신의 근
亥 · 子 · 丑 · 辰 · 申 · 酉

1)	2)	3)
庚丙<u>癸辛</u>	戊丙戊<u>癸</u>	丁丙<u>辛</u>甲
<u>辰申</u>巳未	寅<u>辰</u>午巳	<u>酉申</u>未辰

1) 중화용신: 천간 癸庚辛. 지지 辰申에 해당함
2) 천간의 용신 癸水가 기신 戊土로부터 극 받음
3) 희신 辛金이 구신 丁火로부터 극 받음(木한신)

4)	5)	6)
丙丁丁戊	<u>癸</u>丁戊戊	<u>辛</u>丁己戊
午巳巳戌	卯未午<u>子</u>	<u>亥</u>卯未戌

4) 천간과 지지에 중화용신이 없음
5) 중화용신 癸水와 子水가 동시에 극·충 받음 (천충지충)
6) 지지 용신의 근 亥水가 한신 卯木과 합이 되어 불리함

용신연습

丙丁火

제13유형 신유술월의 병정화일간 사주

천간의 중화용신(용신과 희신)
甲 · 乙 · 丙 · 丁

지지 중화용신의 근
寅 · 卯 · 巳 · 午 · 未 · 戌

1)	2)	3)
甲丙丙丙	辛丙乙乙	丙丙庚壬
午午申寅	卯午酉丑	申戌戌申

1) 중화용신: 천간 甲丙丙, 지지 午午寅에 해당함
2) 천간의 용신 乙木이 기신 辛金으로부터 극 받음
3) 희신 丙火가 구신 壬水로부터 극 받음

4)	5)	6)
辛丁戊壬	辛丁乙乙	戊丁壬戊
亥丑申申	丑卯酉丑	申巳戌午

4) 천간과 지지에 중화용신이 없음
5) 중화용신 乙木과 卯木이 동시에 극·충 받음 (천충지충)
6) 지지 용신의 근 戌土와 午火가 합이 되어 유리함

용신연습

丙丁火

제13−1유형 술월의 병정화일간 사주 예외적 적용

천간의 중화용신(용신과 희신)
壬 · 癸 · 庚 · 辛

지지 중화용신의 근
亥 · 子 · 丑 · 辰 · 申 · 酉

A)
癸丙戊辛
巳午戌巳

B)
庚丙壬癸
寅午戌卯

C)
戊丙壬丙
戌戌戌戌

D)
乙丁庚壬
巳未戌寅

E)
壬丁戊辛
寅未戌未

F)
庚丁庚壬
戌卯戌戌

戌月의 丙丁火일간 사주에서 년 · 월 · 일 · 시의 지지오행 모두가 화기를 포함한 寅卯巳午未戌로 구성되면 중화용신은 水金이 된다. 천간에 壬癸庚辛이 있으면 좋겠지만, 지지에 용신의 근인 亥子丑辰申酉가 없는 불리한 구성을 피할 수 없다. 만약, 행운行運의 천간에서 기구신을 만나면 희용신인 중화용신은 극을 피할 수 없게 된다.

용신연습

戊己土

제14유형 해자축월의 무기토일간 사주

천간의 중화용신(용신과 희신)
丙 · 丁 · 甲 · 乙

지지 중화용신의 근
寅 · 卯 · 巳 · 午 · 未 · 戌

	1)			2)			3)	

甲戊<u>丁</u><u>乙</u>　　癸戊壬<u>丁</u>　　辛戊<u>乙</u>戊
<u>午</u>辰亥丑　　亥申子<u>巳</u>　　丑<u>戌</u>丑申

1) 중화용신: 천간 丁甲乙, 지지 午에 해당함
2) 천간의 용신 丁火가 기신 壬癸水로부터 극 받음
3) 희신 乙木이 구신 辛金으로부터 극 받음(土한신)

	4)			5)			6)	

癸己己辛　　<u>丙</u>己壬壬　　辛己<u>丁</u><u>甲</u>
酉酉亥亥　　子<u>巳</u>子<u>午</u>　　<u>未</u><u>卯</u>丑申

4) 천간과 지지에 중화용신이 없음
5) 중화용신 丙火와 午火가 동시에 극·충 받음 (천충지충)
6) 지지 용신의 근 卯木과 未土가 합이 되어 유리함

용신연습

戊己土

제15유형 인월의 무기토일간 사주

천간의 중화용신(용신과 희신)
丙 · 丁 · 甲 · 乙

지지 중화용신의 근
寅 · 卯 · 巳 · 午 · 未 · 戌

1)	2)	3)
甲戊丙己	癸戊壬丁	乙戊庚辛
寅子寅卯	亥戌寅巳	卯辰寅未

1) 중화용신: 천간 丙甲, 지지 寅寅卯에 해당함
2) 천간의 용신 丁火가 기신 壬癸水로부터 극 받음
3) 희신 乙木이 기구신 庚辛金으로부터 극 받음

4)	5)	6)
癸己壬壬	丙己壬壬	甲己庚丙
酉丑寅子	子巳寅申	戌亥寅午

4) 월지에 유일한 용신오행인 寅木이 있는 구조임
5) 중화용신 丙火와 寅木이 동시에 극·충 받음 (천충지충)
6) 지지 용신의 근 戌土 ,寅木, 午火가 합이 되어 유리함

용신연습

戊己土

제15-1유형 인월의 무기토일간 사주 예외적 적용

천간의 중화용신(용신과 희신)
壬 · 癸 · 庚 · 辛

지지 중화용신의 근
亥 · 子 · 丑 · 辰 · 申 · 酉

A)	B)	C)
己戊戊乙	壬戊丙己	甲戊壬壬
未戌寅卯	戌午寅巳	寅寅寅寅

D)	E)	F)
庚己庚辛	甲己甲戊	丙己丙甲
午未寅巳	戌午寅戌	寅卯寅寅

寅月의 戊己土일간 사주에서 년 · 월 · 일 · 시의 지지오행 모두가 화기를 포함한 寅卯巳午未戌로 구성되면 중화용신은 水金이 된다. 천간에 壬癸庚辛이 있으면 좋겠지만, 지지에 용신의 근인 亥子丑辰申酉가 없는 불리한 구성을 피할 수 없다. 만약, 행운行運의 천간에서 기구신을 만나면 희용신인 중화용신은 극을 피할 수 없게 된다.

용신연습

戊己土

제16유형 묘월의 무기토일간 사주

천간의 중화용신(용신과 희신)
丙 · 丁 · 戊 · 己

지지 중화용신의 근
寅 · 巳 · 午 · 未 · 戌

	1)		2)		3)
	戊戊丁己		庚戊癸丁		乙戊己庚
	午戌卯丑		申戌卯亥		卯申卯寅

1) 중화용신: 천간 丁戊己, 지지 午戌에 해당함
2) 천간의 용신 丁火가 기신 癸水로부터 극 받음
3) 희신 己土가 구신 乙木으로부터 극 받음(金한신)

	4)		5)		6)
	壬己辛辛		乙己己庚		戊己辛辛
	申酉卯卯		亥巳卯辰		辰未卯亥

4) 천간과 지지에 중화용신이 없음
5) 중화용신 己土와 巳火가 동시에 극·충 받음 (천충지충)
6) 지지 용신의 근 未土가 구신 卯木과 합이 되어 불리함

용신연습

戊己土

제16-1유형 묘월의 무기토일간 사주 예외적 적용

천간의 중화용신(용신과 희신)
壬 · 癸 · 庚 · 辛

지지 중화용신의 근
亥 · 子 · 丑 · 辰 · 申 · 酉

A)	B)	C)
戊戊**癸壬**	**壬**戊己乙	<u>丁</u>己癸<u>丁</u>
午寅卯午	戌戌卯巳	卯卯卯卯

卯월의 戊己土일간 사주에서 년 · 월 · 일 · 시의 지지오행 모두가 화기를 포함한 寅卯巳午未戌로 구성되면 중화용신은 水金이 된다. 천간에 壬癸庚辛이 있으면 좋겠지만, 지지에 용신의 근인 亥子丑辰申酉가 없는 불리한 구성을 피할 수 없다. 만약, 행운行運의 천간에서 기구신을 만나면 희용신인 중화용신은 극을 피할 수 없게 된다.

단, C) 명조의 경우, 지지가 일점 화기도 없이 모두 관성인 卯木으로 구성되어 있으므로, 일간 己土는 그 힘을 얻기 위해서 인겁인 火土가 중화용신이 될 수 있다.

용신연습

戊己土

제17유형 진월의 무기토일간 사주

천간의 중화용신(용신과 희신)
丙 · 丁 · 甲 · 乙

지지 중화용신의 근
寅 · 卯 · 巳 · 午 · 未 · 戌

1)	2)	3)
甲戊丙戊	壬戊丙癸	甲戊庚庚
寅午辰辰	戌寅辰酉	寅寅辰子

1) 중화용신: 천간 丙甲, 지지 寅午에 해당함
2) 천간의 용신 丙火가 기신 壬癸水로부터 극 받음
3) 희신 甲木이 구신 庚金으로부터 극 받음

4)	5)	6)
癸己壬辛	乙己庚庚	丁己戊甲
酉酉辰丑	亥亥辰戌	卯未辰寅

4) 천간과 지지에 중화용신이 없음
5) 중화용신 乙木과 戌土가 동시에 극·충 받음 (천충지충)
6) 지지 용신의 근 卯木과 未土가 합이 되어 유리함

용신연습

戊己土

제18유형 사오미월의 무기토일간 사주

천간의 중화용신(용신과 희신)
壬 · 癸 · 庚 · 辛

지지 중화용신의 근
亥 · 子 · 丑 · 辰 · 申 · 酉

1)	2)	3)
辛戊癸辛	戊戊丙壬	辛戊丁丁
酉申巳亥	午辰午子	酉子未巳

1) 중화용신: 천간 癸辛, 지지 酉申亥에 해당함
2) 천간의 용신 壬水가 기구신 戊土,丙火로부터 극 받음
3) 희신 辛金이 구신 丁火로부터 극 받음

4)	5)	6)
甲己乙丁	丙己庚甲	乙己丁丁
戌巳巳巳	寅卯午子	亥卯未卯

4) 천간과 지지에 중화용신이 없음
5) 중화용신 庚金과 子水가 동시에 극·충 받음 (천충지충)
6) 지지 용신의 근 亥水가 한신 卯木과 합이 되어 불리함

용신연습

戊己土

제19유형 신유술월의 무기토일간 사주

천간의 중화용신(용신과 희신)
丙 · 丁 · 甲 · 乙

지지 중화용신의 근
寅 · 卯 · 巳 · 午 · 未 · 戌

1)	2)	3)
甲戊丙丙	丁戊癸己	庚戊甲己
寅戌申子	巳午酉亥	申戌戌亥

1) 중화용신: 천간 丙丙甲, 지지 寅戌에 해당함
2) 천간의 용신 丁火가 기신 癸水로부터 극 받음(土한신)
3) 희신 甲木이 구신 庚金으로부터 극 받음(土한신)

4)	5)	6)
癸己壬己	丙己己壬	甲己丙庚
酉丑申酉	子卯酉子	戌酉戌午

4) 천간과 지지에 중화용신이 없음
5) 중화용신 丙火와 卯木이 동시에 극·충 받음 (천충지충)
6) 지지 용신의 근 戌土와 午火가 합이 되어 유리함

용신연습

戊己土

제19-1유형 술월의 무기토일간 사주 <mark>예외적 적용</mark>

천간의 중화용신(용신과 희신)
壬 · 癸 · 庚 · 辛

지지 중화용신의 근
亥 · 子 · 丑 · 辰 · 申 · 酉

A)	B)	C)
乙戊甲己	丁戊丙庚	壬戊戊丙
卯午戌卯	巳午戌午	戌戌戌戌

D)	E)	F)
己己庚丁	辛己壬癸	甲己壬戊
巳卯戌卯	未巳戌未	戌卯戌戌

戌월의 戊己土일간 사주에서 년 · 월 · 일 · 시의 지지오행 모두가 화기를 포함한 寅卯巳午未戌로 구성되면 중화용신은 水金이 된다. 천간에 壬癸庚辛이 있으면 좋겠지만, 지지에 용신의 근인 亥子丑辰申酉가 없는 불리한 구성을 피할 수 없다. 만약, 행운行運의 천간에서 기구신을 만나면 희용신인 중화용신은 극을 피할 수 없게 된다.

용신연습

庚辛金

제20유형 해자축월의 경신금일간 사주

천간의 중화용신(용신과 희신)
丙 · 丁 · 甲 · 乙

지지 중화용신의 근
寅 · 卯 · 巳 · 午 · 未 · 戌

1)	2)	3)
丙庚<u>丁</u>乙	壬庚<u>丙</u>己	辛庚<u>乙</u>戊
<u>戌</u>申亥<u>卯</u>	<u>午戌</u>子未	<u>巳寅</u>丑辰

1) 중화용신: 천간 丙丁乙, 지지 戌卯에 해당함
2) 천간의 용신 丙火가 기신 壬水로부터 극 받음(土한신)
3) 희신 乙木이 구신 辛金으로부터 극 받음(土한신)

4)	5)	6)
己辛辛壬	<u>丙</u>辛壬壬	<u>丁</u>辛<u>丁</u>己
亥丑亥申	申亥子<u>午</u>	<u>酉巳</u>丑丑

4) 천간과 지지에 중화용신이 없음
5) 중화용신 丙火와 午火가 동시에 극·충 받음 (천충지충)
6) 지지 용신의 근 巳火가 酉金,丑土와 합이 되어 불리함

용신연습

庚辛金

제21유형 인월의 경신금일간 사주

천간의 중화용신(용신과 희신)
丙 · 丁 · 甲 · 乙

지지 중화용신의 근
寅 · 卯 · 巳 · 午 · 未 · 戌

	1)		2)		3)
乙庚丙己		壬庚庚丙		辛庚戊乙	
巳寅寅丑		午辰寅子		巳午寅亥	

1) 중화용신: 천간 丙乙, 지지 巳寅寅에 해당함
2) 천간의 용신 丙火가 기신 壬水로부터 극 받음
3) 희신 乙木이 구신 辛金으로부터 극 받음(土한신)

	4)		5)		6)
壬辛戊庚		丁辛壬壬		乙辛壬壬	
辰酉寅辰		酉酉寅申		未酉寅午	

4) 월지에 유일한 용신오행인 寅木이 있는 구조임
5) 중화용신 丁火와 寅木이 동시에 극·충 받음 (천충지충)
6) 지지 용신의 근 寅木, 午火가 합이 되어 유리함

용신연습

庚辛金

제21-1유형 인월의 경신금일간 사주 <mark>예외적 적용</mark>

천간의 중화용신(용신과 희신)

壬 · 癸 · 庚 · 辛

지지 중화용신의 근

亥 · 子 · 丑 · 辰 · 申 · 酉

A)	B)	C)
己庚壬丁	癸庚庚丙	戊庚壬壬
卯寅寅卯	未午寅戌	寅寅寅寅

D)	E)	F)
辛辛戊乙	癸辛甲戊	庚辛庚丙
卯未寅巳	巳卯寅午	寅未寅寅

　　寅월의 庚辛金일간 사주에서 년 · 월 · 일 · 시의 지지오행 모두가 화기를 포함한 寅卯巳午未戌로 구성되면 중화용신은 水金이 된다. 천간에 壬癸庚辛이 있으면 좋겠지만, 지지에 용신의 근인 亥子丑辰申酉가 없는 불리한 구성을 피할 수 없다. 만약, 행운行運의 천간에서 기구신을 만나면 희용신인 중화용신은 극을 피할 수 없게 된다.

용신연습

庚辛金

제22유형 묘월의 경신금일간 사주

천간의 중화용신(용신과 희신)
戊 · 己 · 庚 · 辛

지지 중화용신의 근
申 · 酉(辰·戌·丑·未)

1)	2)	3)
己庚己庚	己庚乙戊	辛庚丁己
卯申卯寅	卯申卯戌	巳子卯亥

1) 중화용신: 천간 己己庚, 지지 申에 해당함
2) 천간의 용신 戊己土가 기신 乙木으로부터 극 받음
3) 희신 辛金이 구신 丁火로부터 극 받음

4)	5)	6)
甲辛癸壬	丁辛辛辛	戊辛丁己
午卯卯子	酉丑卯酉	戌亥卯未

4) 천간과 지지에 중화용신이 없음(水한신)
5) 중화용신 辛金과 酉金이 동시에 극·충 받음 (천충지충)
6) 지지 기신 卯木이 亥卯未 목국을 이루어 불리함

용신연습

庚辛金

천간의 중화용신(용신과 희신)
壬 · 癸 · 庚 · 辛

지지 중화용신의 근
亥 · 子 · 丑 · 辰 · 申 · 酉

A)	B)	C)
辛庚丁甲	壬庚己庚	辛辛癸丁
巳戌卯戌	午午卯寅	卯卯卯卯

卯월의 庚辛金일간 사주에서 년 · 월 · 일 · 시의 지지오행 모두가 화기를 포함한 寅卯巳午未戌로 구성되면 중화용신은 水金이 된다. 천간에 壬癸庚辛이 있으면 좋겠지만, 지지에 용신의 근인 亥子丑辰申酉가 없는 불리한 구성을 피할 수 없다. 만약, 행운行運의 천간에서 기구신을 만나면 희용신인 중화용신은 극을 피할 수 없게 된다.

단, C) 명조의 경우 지지가 일점 화기도 없이 모두 재성인 卯木으로 구성되어 있으므로, 일간 辛金은 그 힘을 얻기 위해서 인겁인 土金이 중화용신이 될 수 있다.

용신연습

庚辛金

제23유형 진월의 경신금일간 사주

천간의 중화용신(용신과 희신)
丙 · 丁 · 甲 · 乙

지지 중화용신의 근
寅 · 卯 · 巳 · 午 · 未 · 戌

1)	2)	3)
乙庚丙戊	丙庚壬丙	戊庚庚乙
酉寅辰寅	戌子辰寅	寅辰辰丑

1) 중화용신: 천간 丙乙, 지지 寅寅에 해당함
2) 천간의 용신 丙火가 기신 壬水로부터 극 받음
3) 희신 乙木이 구신 庚金으로부터 극 받음(土한신)

4)	5)	6)
己辛壬辛	乙辛庚庚	乙辛甲壬
丑酉辰酉	未丑辰子	未卯辰寅

4) 천간과 지지에 중화용신이 없음
5) 중화용신 乙木과 未土가 동시에 극·충 받음 (천충지충)
6) 지지 용신의 근 卯木과 未土가 합이 되어 유리함

용신연습

庚辛金

제24유형 사오미월의 경신금일간 사주

천간의 중화용신(용신과 희신)
壬 · 癸 · 庚 · 辛

지지 중화용신의 근
亥 · 子 · 丑 · 辰 · 申 · 酉

1)	2)	3)
壬庚癸辛	戊庚丙壬	丁庚辛甲
午辰巳未	寅申午申	亥寅未戌

1) 중화용신: 천간 壬癸辛, 지지 辰에 해당함
2) 천간의 용신 壬水가 기신 戊土, 丙火로부터 극 받음
3) 희신 辛金이 구신 丁火로부터 극 받음(木한신)

4)	5)	6)
甲辛丁戊	乙辛丙壬	辛辛癸乙
午未巳寅	未丑午子	卯亥未亥

4) 천간과 지지에 중화용신이 없음
5) 중화용신 壬水와 子丑이 동시에 극·충 받음 (천충지충)
6) 지지 용신의 근 亥水가 한신 卯木과 합이 되어 불리함

용신연습

庚辛金

제25유형 신유술월의 경신금일간 사주
천간의 중화용신(용신과 희신)
丙 · 丁 · 甲 · 乙

지지 중화용신의 근
寅 · 卯 · 巳 · 午 · 未 · 戌

1)	2)	3)
乙庚丙丙	壬庚丁丙	庚庚甲己
酉戌申午	午寅酉戌	辰午戌亥

1) 중화용신: 천간 丙丙乙, 지지 戌午에 해당함
2) 천간의 용신 丙丁火가 기신 壬水로부터 극 받음
3) 희신 甲木이 구신 庚金으로부터 극 받음(土한신)

4)	5)	6)
庚辛戊壬	乙辛辛戊	戊辛甲甲
子丑申辰	未丑酉申	戌酉戌午

4) 천간과 지지에 중화용신이 없음
5) 중화용신 乙木과 未土가 동시에 극·충 받음 (천충지충)
6) 지지 용신의 근 戌土와 午火가 합이 되어 유리함

용신연습

庚辛金

제25-1유형 술월의 경신금일간 사주 <mark>예외적 적용</mark>

천간의 중화용신(용신과 희신)
壬 · 癸 · 庚 · 辛

지지 중화용신의 근
亥 · 子 · 丑 · 辰 · 申 · 酉

A)	B)	C)
辛庚庚壬	癸庚丙庚	丙庚庚壬
巳寅戌寅	未午戌午	戌戌戌戌

D)	E)	F)
甲辛壬戊	癸辛戊辛	戊辛戊丙
午卯戌寅	巳卯戌卯	戌巳戌戌

戊월의 庚辛金일간 사주에서 년 · 월 · 일 · 시의 지지오행 모두가 화기를 포함한 寅卯巳午未戌로 구성되면 중화용신은 水金이 된다. 천간에 壬癸庚辛이 있으면 좋겠지만, 지지에 용신의 근인 亥子丑辰申酉가 없는 불리한 구성을 피할 수 없다. 만약, 행운行運의 천간에서 기구신을 만나면 희용신인 중화용신은 극을 피할 수 없게 된다.

용신연습

壬癸水

제26유형 해자축월의 임계수일간 사주

천간의 중화용신(용신과 희신)
丙 · 丁 · 甲 · 乙

지지 중화용신의 근
寅 · 卯 · 巳 · 午 · 未 · 戌

1)	2)	3)
丙壬乙甲	丙壬壬壬	辛壬乙戊
午戌亥寅	午申子戌	丑午丑辰

1) 중화용신: 천간 丙甲乙, 지지 午戌寅에 해당함
2) 천간의 용신 丙火가 기신 壬水로부터 극 받음
3) 희신 乙木이 구신 辛金으로부터 극 받음(土한신)

4)	5)	6)
庚癸辛壬	己癸壬丁	己癸丁己
申丑亥申	未丑子亥	未卯丑亥

4) 천간과 지지에 중화용신이 없음
5) 중화용신 丁火와 未土가 동시에 극·충 받음 (천충지충)
6) 지지 용신의 근 未土와 卯木이 합이 되어 유리함

용신연습

壬癸水

제27유형 인묘월의 임계수일간 사주

천간의 중화용신(용신과 희신)
庚 · 辛 · 壬 · 癸

지지 중화용신의 근
亥 · 子 · 丑 · 辰 · 申 · 酉

1)	2)	3)
壬壬**庚辛**	丁壬**庚**丙	丙壬壬壬
子辰寅**丑**	巳**子**寅午	午**辰**寅**辰**

1) 중화용신: 천간 庚辛壬, 지지 子辰丑에 해당함
2) 천간의 용신 庚金이 기신 丙丁火로부터 극 받음
3) 희신 壬水가 기신 丙火로부터 극 받음

4)	5)	6)
丁癸丁甲	己癸乙**癸**	**庚**癸乙戊
未卯卯午	未**丑**卯**丑**	**申**未卯午

4) 천간과 지지에 중화용신이 없음
5) 중화용신 癸水와 丑土가 동시에 극·충 받음 (천충지충)
6) 지지 한신 卯木과 未土가 목국을 이루어 불리함

용신연습

壬癸水

제28유형 진월의 임계수일간 사주

천간의 중화용신(용신과 희신)
丙 · 丁 · 甲 · 乙

지지 중화용신의 근
寅 · 卯 · 巳 · 午 · 未 · 戌

1)	2)	3)
乙壬丙戊	己壬壬丙	辛壬庚乙
巳子辰午	酉寅辰辰	亥午辰丑

1) 중화용신: 천간 丙乙, 지지 巳午에 해당함
2) 천간의 용신 丙火가 기신 壬水로부터 극 받음(土한신)
3) 희신 乙木이 구신 庚辛金으로부터 극 받음

4)	5)	6)
辛癸庚庚	乙癸庚庚	辛癸甲丁
酉丑辰辰	卯酉辰戌	酉巳辰丑

4) 천간과 지지에 중화용신이 없음
5) 중화용신 乙木과 卯戌이 동시에 극·충 받음 (천충지충)
6) 지지 용신의 근 巳火가 酉金과 합이 되어 불리함

용신연습

壬癸水

제29유형 사오미월의 임계수일간 사주

천간의 중화용신(용신과 희신)
庚 · 辛 · 壬 · 癸

지지 중화용신의 근
亥 · 子 · 丑 · 辰 · 申 · 酉

1)	2)	3)
辛壬癸辛	丙壬庚己	甲壬丁壬
亥子巳丑	午申午酉	辰寅未子

1) 중화용신: 천간 癸辛, 지지 亥子丑에 해당함
2) 천간의 용신 庚金이 기신 丙火로부터 극 받음
3) 희신 壬水가 구신 丁火로부터 극 받음(木한신)

4)	5)	6)
甲癸丁戊	己癸戊癸	癸癸辛己
寅卯巳戌	未丑午未	亥卯未亥

4) 천간과 지지에 중화용신이 없음
5) 중화용신 癸水와 丑土가 동시에 극·충 받음 (천충지충)
6) 지지 용신의 근 亥水가 한신 卯木과 합이 되어 불리함

용신연습

壬癸水

제30유형 신유술월의 임계수일간 사주

천간의 중화용신(용신과 희신)
丙 · 丁 · 甲 · 乙

지지 중화용신의 근
寅 · 卯 · 巳 · 午 · 未 · 戌

1)	2)	3)
乙壬丙丙	癸壬丁辛	甲壬庚壬
巳戌申午	卯寅酉亥	辰申戌午

1) 중화용신: 천간 丙丙乙, 지지 巳戌午에 해당함
2) 천간의 용신 丁火가 기신 癸水로부터 극 받음
3) 희신 甲木이 구신 庚金으로부터 극 받음

4)	5)	6)
癸癸壬己	癸癸丁辛	戊癸甲甲
丑丑申丑	亥酉酉卯	午酉戌午

4) 천간과 지지에 중화용신이 없음
5) 중화용신 丁火와 卯木이 동시에 극·충 받음 (천충지충)
6) 지지 용신의 근 午火와 戌土가 합이 되어 유리함

용신연습

壬癸水

제30−1유형 술월의 임계수일간 <mark>예외적 적용</mark>

천간의 중화용신(용신과 희신)
庚 · 辛 · 壬 · 癸

지지 중화용신의 근
亥 · 子 · 丑 · 辰 · 申 · 酉

A)	B)	C)
庚壬丙乙	壬壬戊丙	庚壬戊丙
戊寅戊巳	寅寅戊午	戊戊戊戊

D)	E)	F)
壬癸庚丁	戊癸戊丙	壬癸壬戊
戊卯戊卯	午巳戊戊	戊未戊戊

戊월의 壬癸水일간 사주에서 년 · 월 · 일 · 시의 지지오행 모두가 화기를 포함한 寅卯巳午未戊로 구성되면 중화용신은 水金이 된다. 천간에 壬癸庚辛이 있으면 좋겠지만, 지지에 용신의 근인 亥子丑辰申酉가 없는 불리한 구성을 피할 수 없다. 만약, 행운行運의 천간에서 기구신을 만나면 희용신인 중화용신은 극을 피할 수 없게 된다.

용신연습

사주명리학을
빠르고 정확하게 공부하는
8가지 비결

1. 중화용신(용신+희신)과 기신과 구신 그리고 한신은 사주분석을 위한 불가결의 도구이다.

희·용·기·구·한신이 정확하지 않으면 오행작용, 육친해석, 심리해석의 오류로 이어진다. 오행의 생극제화 이외의 신살, 12운성, 궁통보감류의 조후론, 자평진전류의 격국론 등은 과학적인 이론체계가 아니므로 과감하게 버려야 한다.

2. 체에서 용으로 전환된 생극작용을 관찰한다.

용의 개념에 의한 생은, 생받는 글자가 좋아해야 한다. 극에 있어서, 희용신은 기구신을 극할 수 없으며 오직 기구신이 희용신을 극한다. 한신은 용신의 힘을 빼앗아가는 경우가 있으며 기구신을 극할 수 없다. 기구신이 한신을 극하는 것은 일반적인 극과 같지 않다.

3. 십간과 십성의 중첩적 해석 능력을 길러야 한다.

사주통변은 천간에 드러난 오행에 주목한다.

4. 흉신은 잘못된 표현이다.

흉신은 감성오행이라고 이해하는 것이 옳다. 일반적으로 희용신은 이성적 심성에 의한 재능을, 기구신은 감성적 심싱에 의한 재능을 드리낸다.

따라서 기구신은 자신의 매우 강한 감성적 '능력'일 수 있다. 그러나 과유불급이 될 수 있으며 희용신의 이성적 심성을 훼손할 수 있으므로 주의를 요한다.

5. 천간은 천간끼리 지지는 지지끼리 그리고 천간과 지지를 동시에 관찰한다.

원국:대운:세운:월운:일진:시운은 모두 동시에 작용한다. 대운의 간지도 나누어서 해석하지 않는다.

6. 사주의 중화를 가늠하는 힘을 길러야 한다.

크게 보아 사주명리학에 있어서 水(金)와 火(木)의 균형된 바를 관찰하는 것이 명리학적인 중화의 개념이다. 중화된 사주의 대표적인 구성은 관인상생격, 재관상생격, 식신생재격 등에서 찾을 수 있다.

7. 오행의 기에 의한 마음 작용은 육체와, 육체는 마음과 유기적인 관계이다.

몸이 흐트러지면 마음이, 마음이 흐트러지면 육체가 망가진다. 흉운은 나의 몸과 마음이 균형을 잃어버리면서 발생한다.

8. 공부를 방해하는 가장 큰 요인은 오만과 지나친 자기애이다. 자기자신에게 솔직해야한다(不欺自心)

자신의 사주가 좋기만을 바라는 집착을 버려라. 독학은 위험하며 일정한 수준이 되기 전에 다양한 고전 이론을 습득하는 것은 오히려 장애가 된다.

맺는 말

오늘날 사주명리학을 공부할 수 있는 환경은 필자가 입문할 당시 변변한 자료를 구하기 어려울 때를 생각해보면 격세지감이다. 수많은 서적과 유튜브를 통한 강의는 정보의 홍수라 해도 과언이 아닐 것 같다.

막상 초학자가 사주명리학에 입문하려고 할 때, 무슨 책을 보아야 할 지 망설여진다. 몇몇 선생의 도움을 받아 수업을 받아보지만 가르치는 사람도 책도 천차만별이다. 누구의 말을 어떤 책을 믿어야 할지 혼란스러워진다. 시중의 사주통변은 반이 틀려도 살아남는다. 교언영색하고 혹세무민하는 말재주가 있으면 대단한 능력자로 보여지는 경우도 없지 않다. 사주명리학을 술수witchcraft에 의존하는 강호 점술가占術家들의 이야기이다.

그러나 이제 그러한 시절은 끝났다. 풍부한 상담 경험이 있더라도 이론적 체계가 갖추어지지 않으면 스스로의 무지함에 갇혀버린다. 아무리 이론을 갖고 있더라도 실전 경험이 미미하면 주관적인 판단이 서지 않는 두려움이 앞을 가로막는다. 전문가가 되기 위해서는 양자 모두를 갖추어야 한다. 피상담자의 평균 지력이 과거와 달라 합리성이 없는 비학문적 상담은 냉대 받을 수밖에 없기 때문이다.

지금은 명리상담 전문가를 요구하는 시대이다. 이러한 사정을 수없이 경험한 필자는 다행히 대학원에서 동양철학의 음양오행론과 사주명리학 이론을 체계적으로 연구할 기회를 얻을 수 있었는데 필연적으로 어떤 사명감을 가지게 되었다.

대학에서 일반인을 대상으로 사주명리학 강좌를 강의하면서, 너무나 많은 분들이 중국 고전격국론이나 검증되지 않은 서적의 이론에 함몰되어 있는 것을 보고 제도권의 학자로서 일종의 시대적 책무를 통감하게 되었던 것이다.

　일찍이 유학자 호공보는 심효첨의 『자평진전』 서문에서 "사람의 명을 알고 나면 두려움이나 다툼을 다스릴 수 있는 마음을 갖게 되고 분수에 어긋남도 물리칠 수 있게 된다."[25]고 하였다. 호공보는 명리학이 길흉화복의 판단에 앞서 수신修身에 보다 더 높은 학문적 가치를 두고 있었음을 알 수 있다.

　한편, 말년에 『자평수언』이라는 역작을 남긴 중화민국의 대표 명리학자 서락오는 "오대五代에 서자평이 모두 고쳐서 오직 오행의 기의 변화를 쫓아 일日을 위주로 함과 동시에 신살과 납음을 배제하고 오행의 상생과 상극만을 논거로 하였다. 마침내 명리이론의 일대 전환점이 된 것이다"[26]라고 하였다.
　그러나 안타깝게도 이들 고전 격국론류의 음양오행론에 대한 세계관은 철저하게 도식화된 체體의 논리였던 것으로 사주명리학에서 작용하는 용用으로 치환置換된 생극의 원리를 발견해 내지 못했던 것이다.

---

25) 沈孝瞻 著, 徐樂吾 評註, 『子平眞詮評註』, 中華民國 進源書局, 2006, 14쪽: "人能知命. 則營競之可以息. 非分之想可以屛."
26) 徐樂吾 著, 『子平粹言』, 中華民國 武陵出版社, 1998, 5쪽: "自五代徐子平. 乃盡革之. 專從氣化立論. 以日爲主. 屛棄神煞納音. 而以五行生尅爲論理根據. 乃命理之一大轉變"

본서는 이렇듯, 신법명리학의 태동 이래 근 천년의 과업을 학문적으로 이론화하고 실용화했다는 점을 주지하고자 한다.

신은 인간에게 운명을 극복하는 방법을 사주명리학을 통해 흔쾌히 허락했다. 그럼에도 우매한 인간의 감정이 올바른 판단을 흐리게 하고 또한 마음을 치우치게 하여 스스로 개운改運을 방해하고 있을 따름이다.

개운의 출발은 본능적 자기애自己愛에서 벗어나 냉정하고 처절하게 자신을 성찰하는데 있다.

운의 길흉이나 가족관계 그리고 인간심리의 이해와 분석은 오로지 체體에서 용用으로 치환된 생극제화를 통해 가능하다.

본서는 그것을 가능하게 하는 사주명리학 이론서이다.

특히 우리나라 사주명리학의 미래를 책임질 후학들에게 진심 어린 애정과 찬사를 보내며, 본서의 중화용신 이론이 일선 명리 상담가는 물론, 교사 · 한의사 및 정신과 의사 · 정신분석학자 및 상담심리전문가 · 성직자 · 명상가 · 대체의학자 · CEO 및 인사 담당자 · 프로파일러 · 사회지도층인사 등과 보다 가치있는 삶을 위하여 자기성찰을 갈망하는 분들에게 도움이 되기를 기대한다.

만약, 이론의 오류가 논증된다면 그것은 필자의 책임이다.

독자의 매서운 질책을 기다린다.

참고문헌

『周易』

『中庸』

『春秋繁露』

『呂氏春秋』

『淮南子』

珞珠子 著,『珞珠子三命消息賦註』, 中華民國 聚賢館文化有限公司, 2007.

釋曇瑩 撰,『珞珠子賦註』, 中華民國, 新文豊出版公司, 1978.

陳素菴 著, 韋千里 編著,『命理約言』中華民國 瑞成書局, 2000.

張楠 著,『命理正宗-神峰通考』, 中華民國 進源文化事業有限公司, 2012.

徐子平著, 李鐵筆 評註,『明通賦評註』中華民國 益群書店股份有限公司, 1979.

班固 著,『白虎通 一 · 二』, 中國(北京) 中華書局, 1985.

萬民英 著 ,『三命通會』, 中華民國 武陸出版有限公司, 2011.

藍傳盛 著,『玉井奧訣評註』, 中華民國, 武陵出版有限公司, 2005.

蘇衛國 評註,『玉照神應眞經』, 中國 中國哲學文化協進會, 2005.

蕭吉 著, 李崇仰 編著,『五行大義』, 中華民國 集文書局有限公司, 1964.

徐升 編, 唐錦池 著,『淵海子平』, 中華民國 進源文化事業有限公私, 2011.

鬼谷子 撰, 李虛中 註編,『李虛中命書』, 中華民國, 新文豊出版公司, 1978.

沈孝瞻 著, 徐樂吾 評註,『子平眞詮評註』, 中華民國 進源書局, 2006.

徐樂吾 著,『子平粹言』, 中華民國 武陵出版社, 1998.

袁樹珊 撰輯, 任鐵樵增注,『滴天髓闡微』, 中華民國 進源文化事業有限公司, 2011

陳素庵 輯, 徐樂吾 補註,『滴天髓補註』, 中華民國 武陵出版社, 1999.

陸致極,『中國命理學史論』, 上海人民, 2008.

韋千里 著,『八字提要』, 中華民國 瑞成書局, 2012.

何建忠 著,『八字心理推命學』, 中華民國 龍吟文化事業股份有限公司, 1994.

蘇興 撰,『春秋繁露義證』, 北京 中華書局, 1992.

董仲舒 著, 日原利国 解,『春秋繁露』, 日本 明德出版社, 1977.

作者未詳, 徐樂吾註,『窮通寶鑑(欄江網)』, 中華民國 武陸出版社, 1996.

이건희,「명리학의 중화용신 개념에 근거한 인간심성연구」, 대구한의대학교 대학원 박사학위논문, 2020.

섭동명리학 10대 이론서 안내

① 「명리학의 중화용신 개념에 근거한 인간심성 연구」

이건희 저/ 190x260cm(박사학위논문)/ 현대명리학의 용신의 개념과 도출법을 표준화하고, 체에서 용으로 치환된 오행의 생극제화를 통해 인간심리와 길흉판단을 명징하게 분석할 수 있는 학계 유일의 명리학 이론논문이다.

② 사주명리학 용신비결

이건희 저/ 130x190cm/ 사주명리학의 핵심이론인 용신도출법과 활용에 관한 이론서. 억부와 조후론의 합치에 의한 계절별 30유형의 중화용신. 용신과 희신의 조합은 火木/ 水金/ 火土/ 土金 4유형만 성립.

③ 상생3격 중화사주론

이건희 저/ 130x190cm/ 중화된 사주를 대표하는 상생하는 3유형의 중화된 사주. 관인상생격, 재관상생격, 식신생재격의 완벽한 이론정립. 상생3격 사주의 정의와 성립조건을 사례를 들어 설명한 이론서.

④ 십간·십성론

이건희 저/ 130x190cm/ 십간과 십성은 불가분의 관계에 있다. 특히, 가족관계·직업적성·심리를 분석하는데 있어서 이들 두 가지 요소를 복합적으로 관찰함으로 인해, 대단히 정밀한 사주분석을 가능하게 한다.

⑤ 생극제화 체용론

이건희 저/ 130x190cm/ 정확한 희용기구한신의 도출은, 정확한 생극제화의 판단을 가능하게 한다. 사주명리학은 오행의 도식화된 체에 의한 생극제화가 아닌 용의 개념에 의한 작용을 따른다는 명리이론서.

⑥ 용신충극론

이건희 저/ 130x190cm/ 천간의 용신이나 희신이 기구신으로 부터 극을 받거나, 합거될 때 통변의 비결을 찾는데 큰 도움이 된다. 용신이 극받는 모든 경우의 수를 제시하고 사례명조를 통해 분석한다.

⑦ 간지합충론

이건희 저/ 130x190cm/ 사주명리학의 가장 중요한 통변이론은 간합이다. 간합의 응용과 삼합, 육충의 작용을 심도있게 다룬 이론서. 사례명조를 들어 쉽게 이해할 수 있다.

⑧ 명리학 직업·적성론

이건희 저/ 130x190cm/ 사주명리학을 통해 선천적 재능인 적성을 찾아 학과와 직업을 판단하는 것은 명리학의 절대 가치 중 하나이다. ④『십간·십성론』과 함께 공부하면 도움이 된다.

⑨ 이건희박사의 사주실과

이건희 저/ 190x260cm/ 초·중·고급 난이도를 한권에 담았다. 초급은 원국분석, 중급은 대,세운의 해석, 고급은 오행의 생극제화와 육친해석, 심리분석, 길흉화복의 연관성을 입체적으로 분석하는 통변서이다.

⑩ 이건희박사의 섭동명리학 강론

이건희 저/ 148x210cm/ 섭동명리학은 이건희 박사에 의해 창안되고, 제도권에서 학술적으로 논증된 정통 명리이론서로, 고전격국론류 또는 자평명리이론의 한계를 뛰어넘었다는 평가를 받고 있다. 중화용신과 특히, 생극제화 체용론은 오랜기간 미완의 과제였던 생극의 문제를 완벽하게 해결했다고 평가할 수 있다. 생극제화=육친해석=심리분석=길흉판단의 공식을 완성했다는 점에서 현대명리학의 필독서로 추천한다.

사주명리학

용신비결

지은이 · 이건희

펴낸이 · 이건희

펴낸곳 · 도선재 道宣齋

2021년 12월 25일 초판 2쇄 발행

인쇄/제본 · (주) 케이비팩토리

커버디자인 · 문효정

등록 · 2021년 9월 10일 (제 2021-000018호)

주소 · 대구광역시 북구 중앙대로 118길 14 대웅플러스타운

　　　　(경북 영천시 신녕면 치산리 1400 국립공원팔공산 치산계곡)

전화 · 053-254-4984

메일 · bssaju@korea.com

ISBN 979-11-976038-2-2-03180